You, God's Man

너,
하나님의
사람아

박 길 웅 지음

도서
출판 **밀알서원**

도서 출판 **밀알서원**

밀알서원(Wheat Berry Books)은 **CLC**가 공동으로 운영하는
복음주의 출판사로서 신앙생활과 기독교문화를 위한
설교, 시, 수필, 간증, 선교·경건 서적 등을 출판하고 있습니다.

You, God's Man

Written by
Kil Woong Park

Korean Edition
Copyright © 2017 by Wheat Berry Books
Seoul, Korea

추/천/사 1

이광호 목사
실로암교회 담임

    교회를 염두에 두고 책을 쓰는 작업은 신학자들과 목사들의 전유물이 아니다. 그동안 필리핀에서 선교사로 수고하다가 신학적인 안목을 좀 더 넓히기 위해 최근 귀국해 신학교에서 공부 중인 박길웅 전도사가, 『너 하나님의 사람아』를 출간하게 되었다.
    이 책은 성경에 나타나는 몇몇 믿음의 선배들의 삶을 풀어 설명하고 있다. 성경의 인물들을 올바르게 이해하는 것은 매우 중요하다. 그들은 우리의 신학과 신앙과 삶의 본이 되는 인물들이기 때문이다. 이 책이 한국교회의 여러 성도들, 특히 청년들에게 사랑받기를 바란다.

추/천/사 2

윤성헌 목사
교회를 위한 신학포럼 총무

    이 책은 하나님 중심적인 삶을 살고자 하는 젊은 선교사의 열정이 고스란히 묻어나 있다. 무엇보다 이 책은 하나님 중심적인 삶을 살아갔던 성경인물들의 삶을 통하여 오늘, '바로 지금 여기'를 살아가는 젊은 기독청년들에게 우리 시대와 우리 문화 속에서 '어떻게 살아가는 것이 하나님 중심적인 삶'인지를 보여준다. 이 시대와 구별된 '하나님의 사람'의 삶을 배울 수 있다.

저/자/서/문

> 내가 예수 그리스도의 심장으로 너희 무리를 얼마나 사모하는지 하나님이 내 증인이시니라(빌 1:8).

 빌립보 교인들을 향한 바울의 사랑을 담은 빌립보서 1장 8절을 머리끝에서부터 발끝까지 동일한 심정으로 느낀 적이 있었습니다. 사랑하는 교회와 양들을 떠난다는 것은 후련함과 시원함이 아니라 가슴이 찢어지고 매어지는 아픈 사랑을 깨달았을 때였습니다. 수년간 함께 먹고 자며 공동체 생활을 통해 맺어졌던 바기오비전교회의 학생들을 생각할 때 바로 그 마음이었습니다.

선교지에서 한국으로 돌아오기 전날 밤, 수시간 동안 20여 명의 청년, 학생들이 함께 모여 빌립보서 강해를 들었습니다. 말씀을 준비하는 저와 함께 배웠던 모든 학생들이 동일한 마음이라는 것을 확신합니다. 그리스도 안에서 함께 나누는 사랑은 세상의 어떠한 관계들보다 진하고 아름답다는 사실을 깨닫습니다.

작금 대한민국은 정치, 사회, 경제, 문화, 안보적으로 많은 어려움들이 있지만, 하나님의 말씀에 갈급해하는 성도들이 곳곳에 있는 모습을 볼 때, 그렇게 비관적이지만은 않다고 생각합니다. 하나님을 진심으로 사랑하고 경외하는 자들이 사회 각 계층으로 뻗어나가 그리스도가 주인 되시는 세상을 만들 수 있을 것입니다. 그리고 저는 그렇게 되기를 간절히 기도합니다.

지난해 『청년아 이 세대를 본받지 말라』(밀알서원)는 책을 통해 말씀 중심의 삶을 요구하였습니다.

이번에 나오게 되는 『너 하나님의 사람아』는 성경 인물들을 조금 더 가까이에서 조명하여 보며 하나님의 사람들이 어떻게 살아갔는지 지켜보고, 우리도 그들과 같이 하나님을 조금 더 가까이에서 붙잡을 수 있도록 구성이 되어 있습니다. 성경인물들을 통하여 성경 내용들을 더욱 정확하게 알고, 또 각 단원마다 첨부되어 있는 내용 정리와 더 깊은 생각을 하게 만드는 질문들을 통하여 소그룹뿐만 아니라 성경 공부 교재로도 사용이 가능합니다.

성경은 예수 그리스도의 구속사역을 거대한 이야기로 적어 놓은 하나님의 구원사입니다. 이번 책은 조금 더 쉽게 풀어서 내러티브 스타일로 접근을 해보았습니다. 기존의 신자들뿐만 아니라 성경을 잘 모르는 새 신자들도 이 책을 통하여 성경을 알아 가는데 유익이 있을 것이라고 확신합니다.

부족함에도 불구하고 언제나 기회를 주셔서 사용하시는 하나님께 진정으로 감사드리며, 신앙의 바른 길을 걸어갈 수 있도록 늘 지도해주신 은사

신장성 목사님께 감사를 표합니다. 그리고 바쁜 와중에도 기꺼이 추천사를 써주신 이광호 목사님과 윤성헌 목사님께 감사드립니다.

  끝으로 짧은 시간이지만 책을 통해 유익을 전할 수 있도록 무한한 격려와 응원을 아낌없이 보내준 사랑하는 아내 김은옥에게 사랑을 담아 고마움을 나눕니다.

2016년 12월의 어느 날,

예수 그리스도의 좋은 군사 박 길 웅 識

Contents

추천사 1 / 이광호 목사 (실로암교회 담임) **/ 04**
추천사 2 / 윤성헌 목사 (교회를 위한 신학포럼 총무) **/ 05**

저자 서문 **/ 06**

제1장 _ 결단의 사람 엘리야 **/ 13**

제2장 _ 기쁨의 사람 삭개오 **/ 39**

제3장 _ 희생의 사람 아브라함 **/ 57**

제4장 _ 정직한 영을 구한 사람 다윗 **/ 83**

제5장 _ 돌파하는 믿음의 여인(12년간 혈루병에 걸렸던 여인) **/ 101**

제6장 _ 정결의 사람 요셉 **/ 119**

제7장 _ 배짱의 사람 다니엘 **/ 147**

제8장 _ 회심의 사람 바울 **/ 167**

You, God's Man

너,
하나님의
사람아

제1장

결단의 사람 엘리야

> 엘리야가 모든 백성에게 나아가 이르되 너희가 어느 때까지 둘 사이에서 머뭇머뭇하려느냐 여호와가 만일 하나님이면 그를 따르고 바알이 만일 하나님이면 그를 따를지니라 하니 백성이 말 한마디도 대답하지 아니하는지라(왕상 18:21).

선택장애. 최근 들어 젊은이들이 자주 쓰는 단어이다. 무엇을 선택하고 골라야 하는 상황에서 고민에 빠져 주저하는 모습을 가리켜 하는 말이다. 둘 중에 하나를 선택하는 일은 매우 어렵다. 그래서 우리들은 무언가를 선택하는 일에 많은 고민을 한다.

어느 학교를 갈 것인지, 어느 직장을 들어가야 할 것인지, 또 어떤 사람을 만날 것인지. 삶은 선택의 연속이다. 우리가 선택을 한다는 것은 무언가를 택하여 정했다는 뜻이고, 또 무언가를 선택하게 되면 선택하지 못한 것들을 자연스럽게 포기해야 하는 결정과 희생의 복합적 과정이 일어난다.

하지만 우리가 선택에 앞서 고민하고 갈등하는 이유를 찾아본다면, 주어진 조건들이 모두 우리를 만족시키기 때문이다. 그래서 우리의 선택은 더욱 더 어려워진다. 이러한 선택을 어렵게 만드는 우리의 고민은 대게 욕심에서 출발하게 되는 경우가 많다. 둘 중 어느 것도 포기 하고 싶지 않은 우리의 마음 말이다. 그래서 이것도 저것도 포기하기 어려워 하는 것이다.

한국 속담에 "남의 떡이 커 보인다"는 말이 있다. 분명 자신에게도 좋은 것들이 있음에도 불구하고, 다른 사람들이 가지고 있는 것이 상대적으로 더 좋아 보인다는 뜻이다. 그래서 우리는 자신 있게 선택한 일에 대해서도, 타인 혹은 다른 조건들과 비교해보며 자신의 선택에 대해 후회를 한다.

그래서 대부분의 사람들이 자신이 선택한 것에 대한 만족보다는, '내가 잘 선택한 것일까?' 깊이 고민하고 망설인다. 어쩌면 당신은 이러한 현실을 살아가는 그리스도인들 역시 하나님과 세상 앞에서 고민하고 갈등하는 것이 당연하다고 느껴질지도 모른다.

그러나 이것은 우리 스스로가 자신을 기만하는 생각이다. 절대로 그렇지 않다. 하나님은 우리의 삶에서 다른 무엇과도 절대로 비교할 수 없는 대상이다. 여러 개의 선택권 중에서 더 좋은 선택으로 하나님을 택하는 것이 아니라는 말이다.

우선순위의 개념을 넘어서는 생사가 달린 절대적 선택이다. 하나님에 대한 우리의 선택은 무조건적이며 절대적이어야 한다. 하나님은 우리에게 유일한 선택의 대상임을 잊어서는 안 된다. 이러한 기준이 희미해질 때 우리는 하나님과 세상을 대립 구도로 놓고 둘 중에 택해야 하는 어리석은 고민과 갈등에 빠지게 된다.

많은 학생들은 교회와 학교의 사이에서 갈등한다.

주일에 학교에 가서 공부를 하는 것이 맞는 것인가?

아니면 교회에 나와서 예배를 드리고 학교를 가지 않는 것이 맞는 것인가?

몹시 고민한다. 심지어 교회 내에서 중직을 차지하고 있는 직분 자들도 자기 자신의 자녀들에 대해서는 상당히 관대해진다.

그래서 우리의 타협은 이렇다. 주일 오전에 일찍 나와 예배 한 번 드리고 학교에 간다. 그러면 내가 할 도리를 다했기 때문에 일주일을 찝찝함 없이 보낼 수 있다.

하지만 우리는 일주일에 한 시간 교회에 나와 그 자리를 채운 것으로 하나님이 기뻐하시는 예배를 드렸다고는 말할 수 없다. 시간과 중심이 비례하는 것은 아니지만, 예배에 대한 나의 부담감을 덜기 위해 최소한의 예의를 보이는 마음으로 예배를 드리는 것은 하나님께서 기뻐하시는 예배가 아님이 확실하기 때문이다.

직장인들은 새벽기도와 수요, 금요예배. 그리고 음주, 흡연에 대한 딜레마로 여전히 고민 중이다. 한국교회의 신앙의 척도가 새벽기도의 참석 여부이다.

그리고 흡연자인가?

비흡연자인가?

또는 술을 마시는가?

마시지 않는가?

신앙의 기준점이 이렇게 구분되어지는 것에 대해서 참으로 안타까움을 금할 수 없다.

보여는 행위나 드러나는 행동은 물론 마음의 중심에서부터 나오는 경우가 많지만, 마음이 없이도 얼마든 행위를 나타낼 수 있기 때문이다. 정말 중요한 것은 하나님 앞에서의 마음가짐인데, 우리는 이러한 중심을 보이지 않기 때문에 이를 무시하는 경우가 많다.

직장에서 크리스천으로 살아가는 것이 얼마나 어려운 일인지 겪어보지 않은 사람은 알 수가 없다. 예수님을 믿는 다는 이유 하나로 조롱과 멸시를 당하고 손해를 보아야 하는 평범한 그리스도인들의 직장생활은 갈등이 심하다.

'내가 이런 대우를 받으면서도 예수를 믿어야 하나?'

이런 회의감을 주기도 하지만, 그럼에도 불구하고 여전히 예수님 편에 서야 하는 정답은 변하지 않는다. 왜냐하면 우리의 신앙생활의 목적이 회사에서 인정받고 잘되는 것이 아니기 때문이다.

그러나 우리가 세상에서 성공하는 목적이 삶의 이유가 된다면 당연히 하나님을 이용할 수밖에 없으며, 필요에 따라 하나님께 명령을 서슴없이 하기도 한다. 그렇기 때문에 세상과 신앙을 대립구도로 놓으며, 어느 것을 택할 것인지 저울질 하게 되는 것이다.

이렇게 많은 사람들이 선뜻 나서서 하나님을 택

하지 못하는 이유가, 우리가 사는 이 세상은 예수 님을 믿는 그 믿음 하나로 다 되는 것이 아니기 때 문이다. 세상에서는 그리스도인들에게 요구하는 것들이 점점 더 많아진다. 이전보다 더 나은 모습 을 계속해서 요구하기 때문에 그에 맞춰서 필요하 지도 않은 것들을 계발하며 살아간다.

그래서 세상 속에 있는 그리스도인들은 더 이상 하나님께 집중할 시간이 없다. 또 그렇게 하나님께 집중할 마음도 없다. 하나님 안에 있어야 함을 알 면서도 세상을 따라가기에 바쁘다. 하나님을 포기 하고 세상을 따라가도 당장 우리 눈에 보이는 하나 님의 심판이 없기 때문에 우리는 하나님을 떠나는 일에 더욱 담대해지고 익숙해져 간다.

그러나 그리스도인들은 지금 당장 눈에 보이는 눈앞의 결과가 아니라, 앞으로 드러나게 될 선악 간을 심판하시는 그리스도의 다시 오심을 준비하 며 살아가는 사람들이다. 그렇기 때문에 하나님의 편에 서는 것과 세상을 따라 가는 것은, 우리에게 결코 고민거리가 될 수 없다.

엘리야의 때에도 지금과 비슷했다. 많은 이스라엘 백성들이 하나님 안에 살아야 함을 알면서도 실제 삶에서 풍요와 혜택을 주는 것 같은 바알과 아세라를 섬길 수밖에 없었다. 한 마디로 말해 그들은 머뭇거리는 자들이었다. 하나님에 대해서 잘 알지만, 쉽게 선택할 수 없는 딜레마에 빠져 살아가는 흔들리는 갈대 신앙의 소유자들이었다.

열왕기상 18장은 엘리야의 갈멜산 전투를 기록한 유명한 말씀이다. 때는 북 이스라엘의 역사상 가장 악한 왕 중에 하나로 기록되어 있는 아합 왕이 통치하는 시대였다. 그리고 그 뒤에는 아합 왕을 조종하는 더욱 악한 왕비 이세벨이 있었다.

그들은 바알과 아세라 신을 섬기는 우상숭배자들이었다. 더 나아가 자신들의 신앙뿐만 아니라 그들이 다스리는 백성들의 신앙까지도 뒤흔들어 놓는, 하나님 앞에서 큰 죄를 지은 범죄자들이었다. 계속되는 가뭄에 이스라엘은 고난을 당하고 있었고 하나님께서는 엘리야를 통하여 이제 다시 비를 내리실 것을 말씀하신다.

엘리야가 비를 내리기 이전에 반드시 해야 할 일이 있었는데, 그것은 바로 아합 왕을 만나 하나님의 말씀을 전하는 것이었다. 아합 왕은 엘리야로 인하여 골치를 썩는 사람이었다. 엘리야를 그동안 찾아 다녔지만 도저히 찾을 수 없었다.

우리가 만일 성경에 등장하는 엘리야였다면, 하나님과 단 둘만의 협력으로 이스라엘의 가뭄이 해결되기를 원했을 것이다. 굳이 아합 왕을 만나 어려운 일을 겪는 것이 아니라 좋은 게 좋은 것이라고, 피 흘림 없이 싸움 없이 원만하게 해결되기를 바랬을 것이다.

그러나 하나님의 초점은 단순히 하늘에서 비가 내려 가뭄이 해결되는 것에만 있지 않으셨다. 하나님께서는 그의 선지자 엘리야와 아합 왕의 만남을 통하여 당신이 전지전능하시며 영광의 하나님이신 것을 나타내시기 원하셨다.

우리의 삶에도 이와 같은 일이 있지 않은가?

우리는 어떠한 일들이 조용히 넘어가를 바라지만, 하나님께서는 그것을 콕 끄집어 내셔서 공개적으로 드러내실 때가 있다. 그리고 그 일들에 대하여 정면으로 충돌하게 하시며 우리의 삶에도 당신이 하나님이신 것을 나타내시며, 더 나아가 우리의 믿음이 더욱 견고하여지게 만드신다.

아합은 왕궁 맡은 자였던 오바댜를 통하여 엘리야에 대한 소식을 듣는다. 그토록 만나고 싶었던 자에 대한 소식을 들었으니 그를 만나러 가는 일은 당연지사였다. 아합 왕이 드디어 엘리야를 만나 말을 건넸다.

"네가 바로 이스라엘을 괴롭게 하는 자, 엘리야구나."

그러자 엘리야는 대답한다.

"내가 이스라엘을 괴롭게 한 것이 아니라 당신과 당신의 아버지의 집이 이 땅 이스라엘을 괴롭게 한 것이 아닙니까?

하나님의 명령을 떠나 당신이 바알신을 섬기고 살지 않았습니까?

그것이 이스라엘을 괴롭게 한 것을 왜 모르십니까?

이제 사람을 보내서 당신과 이세벨이 섬기고 있는 바알의 선지자 사백오십 명과 아세라의 선지자 사백 명을 갈멜산으로 모아 나를 만나게 해주시옵소서."

아합 왕은 엘리야의 말에 긍정적으로 반응한다. 그리하여 이방신을 섬기는 그들의 선지자 팔백오십 명을 갈멜산으로 모은다. 이 때 많은 이스라엘 백성들도 그 자리에 함께 한다. 곧이어 벌어질 하나님의 선지자 엘리야와 바알과 아세라의 선지자 팔백오십 명이 맞붙을 전투는 이스라엘 백성들의 흥미를 끌기에 충분했다. 모든 사람들이 갈멜산에 모이자 엘리야는 그 위에서 큰 소리로 외쳐 말한다.

> 엘리야가 모든 백성에게 가까이 나아가
> 이르되 너희가 어느 때까지 둘 사이에

> 서 머뭇머뭇 하려느냐 여호와가 만일 하나님이면 그를 따르고 만일 바알이 하나님이면 그를 따를지니라 하니 백성이 말 한마디도 대답하지 아니하는지라 (왕상 18:21).

열왕기상 18장 21절의 말씀은 그 시대의 참으로 암담한 현실을 보여주는 장면이다. 하나님의 크신 능력과 은혜로 출애굽을 하게 되었고, 하나님의 보호하심 속에 약속의 땅에서 왕조를 세우며 이스라엘 나라를 견고히 해나가던 그들이 이제는 하나님을 저버렸기 때문이다.

실제로 아합 왕의 시대에는 북 이스라엘이 견고하며 풍성했던 때였다. 그들에게 주어진 물질적 풍요와 국가의 안정은, 하나님 없이 살아도 꽤나 살 만큼 괜찮은 삶이었다. 그런 이스라엘 백성들이 엘리야의 질문에 머뭇거리는 일은 어쩌면 당연하게 보일지도 모른다.

하나님을 택할 것인가?

바알 신을 택할 것인가?

이렇게 묻는 엘리야의 날카로운 질문에 백성들은 선뜻 하나님을 택하지 못했다.

여호수아는 자신의 죽음을 앞둔 고별설교에서 다음과 같이 고백한다.

"나와 내 집은 여호와를 섬기겠노라."

그러자 이스라엘의 수많은 백성은 주저함 없이 선포한다.

"우리도 여호와만을 섬기겠습니다.

하나님만 따르겠습니다."

그러나 엘리야의 시대에는 사람들이 머뭇거렸다. 당연히 망설임 없이 하나님을 선택했어야 하는 그들이 엉거주춤하게 서 있기 시작했다. 이 시대를 살아가고 있는 우리들에게도 동일하게 적용할 수 있다.

물질 만능주의와 성공에 물들어 버린 우리 시대를 향하여 하나님을 택할 것인가?

세상 물질을 택할 것인가?

이렇게 묻는다면 아마도 많은 사람들이 망설일 것이다.

확실히 지금 우리가 사는 이 시대는 이전 우리 부모님의 세대보다 물질적인 풍요를 누리며 살아가고 있다. 세계 경제 역사에 기록될 만큼 우리나라의 경제성장은 빨랐다.

그러나 더 중요한 것은, 넘치는 풍요 가운데 우리도 더 이상 하나님의 도우심을 구하지 않는 세대가 되었다는 것이다. 우리의 힘과 노력으로 꽤나 괜찮은 삶을 살수가 있기 때문이다. 이것이야 말로 가난이 주는 배고픔보다 더욱 비참한 현실이다. 하나님과 함께 하며 굶주리던 그때가 하나님이 없는 이 시대의 풍요로움보다 더욱 복되다는 사실을 우리는 모두 잊어버렸다.

당시 사람들은 바알을 천둥과 불에 관련된 신으로 믿고 섬기고 있었다. 그래서 엘리야는 갈멜산의 전투에서 그들에게 유리한 불의 전투를 벌이기로 제안했다. 각자의 신에게 기도하여 하늘에서 불을 내리는 신이 진짜 신이라는 것을 증명해보이기로 한다.

사실 엘리야는 여유 있었다. 그의 앞에 서 있는 수백 명의 무리가 그를 두렵고 떨리게 할 것이라고 생각을 하지만 엘리야는 절대로 두려워하거나 무서워하지 않았다.

엘리야가 담대하게 나아갈 수 있었던 이유가 있다.

첫째, 그를 보내신 하나님에 대한 확신이 있었기 때문이다.

엘리야는 아합 왕 앞에 보이라는 하나님의 명령에 따라 그에게 다가갔다. 하나님께서 보내셨기 때문에 분명히 그가 책임지실 것이라는 확신이 있었다.

둘째, 엘리야는 자신의 기도에 반드시 응답하실 하나님에 대한 확신이 있었다.

불이 아니라 물, 천둥번개뿐만 아니라 무엇이든 간구하는 것을 내려주실 하나님이심을 확신하고 있었다. 그래서 그는 바알과 아세라의 선지자들이 자기의 몸을 학대하며 기도하는 도중에도 정말 불이 내릴까 불안해하거나 걱정하지 않았던 것이다. 오히려 그들의 신을 조롱하며 약 올리기까지 한다. 이는 하나님에 대한 확신이 없이는 절대로 할 수 없는 행동이다.

엘리야가 만약 '하나님이 나의 기도에 응답하지 않으시면 어쩌지?'

혹은 '만약 바알신이 저들의 기도에 응답하여 불을 내리면 어쩌지?'

이런 걱정이 있었다면, 아마 그 날은 바알과 아세라의 잔칫 날이 되었을지도 모른다. 하지만 엘리야는 전능하신 하나님을 온전히 붙드는 믿음이 있었다. 반나절이나 계속된 바알과 아세라의 선지자들의 기도를 중단시키고 그가 하는 고백을 보면, 엘리야가 얼마나 큰 믿음 가운데 있었는지 알 수 있다.

엘리야는 제단에 물을 부어, 옆 도랑에 흘러넘칠 만큼이나 물을 붓도록 시켰다. 지금 마른 나무에도 불이 붙지 않아 몸을 자해하게 하는 바알의 선지자들에게 굴욕을 안겨줌과 동시에, 하늘에서 불을 내리실 하나님을 온전히 기대하는 그의 믿음이었다.

> 저녁 소제 드릴 때에 이르러 선지자 엘리야가 나아가서 말하되 아브라함과 이삭과 이스라엘의 하나님 여호와여 주께서 이스라엘 중에서 하나님이신 것과 내가 주의 종인 것과 내가 주의 말씀대로 이 모든 일을 행하는 것을 오늘 알게 하옵소서 여호와여 내게 응답하소서 내게 응답하소서 이 백성에게 주 여호와는 하나님이신 것과 주는 그들의 마음을 되돌이키심을 알게 하옵소서 하매 (왕상 18:36-37).

엘리야의 기도는 비교적 간단했다. 하나님이 하나님이신 것을 나타내시는 일과 함께 하나님께서 백성들의 마음을 돌이키실 것에 대한 기도였다. 엘리야는 바알신과 아세라신을 섬기는 그들의 선지자들을 멸하는 것보다 더 관심 있었던 일은, 머뭇거리며 하나님 편에 서지 못하는 이스라엘 백성들의 마음을 돌이키는 일이었다. 그 백성들 앞에서 엘리야는 하나님의 전능하심을 나타내길 원했고 하나님께 간절히 기도했다.

사실 이스라엘 백성들은 답을 알고 있었다. 하나님 편에 서는 것이 당연한 것인 줄 알고는 있었다. 하지만 그들은 자신들이 누리는 풍요로움을 놓치고 싶지 않았던 것이다. 마치 하나님을 믿어야 함을 알면서도 나의 성공과 행복을 포기 할 수 없는 우리들의 모습과 너무도 흡사하다.

하나님이 아닌, 철저하게 자기 자신에게 중심이 맞춰져 있는 나 중심의 신앙생활. 어쩌면 당대를 살았던 이스라엘 백성들도 스스로에게는 만족했을지도 모른다. 하나님이 이만하면 받아주실 것이라고 생각했는지도 모르겠다.

하지만 엘리야 선지자를 통하여 하나님께서는 분명하게 말씀하셨다.

"너희 이스라엘 백성들아!

머뭇거리지 말고 분명히 선택해라!

나를 섬길 것이냐 아니면 바알 신을 섬길 것이냐?"

결과적으로 엘리야의 기도에 응답하신 하나님께서 하늘에서 불을 내리시어 제단과 모든 넘치는 물을 핥으셨다고 성경은 기록하고 있다. 이를 본 이스라엘 백성들은 그제야 하나님의 전능하심 앞에 엎드렸다.

> 모든 백성이 보고 엎드려 말하되 여호와 그는 하나님이시로다 여호와 그는 하나님이시로다 하니(왕상 18:39).

눈에 보이는 무언가가 있어야지만 그 앞에 엎드렸던 이스라엘의 모습을 우리는 결코 비난하고 손가락질 할 수 없다. 우리도 당장은 엘리야의 결단력을 통하여 하나님 당신을 기억하기 원하셨다.

두 가지 선택의 조건들 앞에서 택하게 되는 것이 바로 우리의 가치관을 나타내는 것이다. 또한 우리는 우리의 가치관에 따라 선택하며 그 방향대로 살아간다. 누구들의 말처럼 내 삶에서 하나님을 3등의 자리에 놓지 않았으면 좋겠다.

언제나 내가 제일 먼저 되어야 하며, 그 이후에 내 소중한 사람들을 돌아보고, 그리고 나서야 여유가 있을 때 하나님을 생각하는 순서를 우리 삶에서 바꿔야 한다. 내 것과 하나님 것이 충돌하면 언제나 내 것을 자연스럽게 선택하던 지난날의 삶에서 이제는 돌이켜 하나님의 것을 가장 먼저 선택해야 한다.

한계를 정하지 말고, 어느 정도까지만 포기하겠다고 스스로 결정하지 말고 전적으로 맡기고 드려야 한다. 스스로 이 정도면 꽤나 괜찮다는 자기최면에서 벗어나야 한다. 또 하나님을 선택할 때 우리가 세상에서 얻게 되는 손해를 과감하게 받아들여야 한다. 우리는 하나님으로 인하여 얻게 되는 이득을 무척이나 좋아하고 바라지만, 그로 인하여 얻게 되는 손해와 희생은 매우 꺼려한다.

그러나 이러한 자세는 옳지 않다. 그분이 하나님이시기 때문에 우리의 선택은 언제나 그분께 있어야 한다. 우리의 이득이나 손해는 그 다음 문제이다. 우리는 결과적으로만 하나님을 택할 것이 아니라 모든 과정에서도 그분을 택해야 한다. 이제 우리는 우리가 어디서 머뭇거리며 하나님을 택하지 못하고 있는지 자기 자신을 스스로 점검해야 한다.

교회에서 배우고 성경을 통해 깨달은 지식과 현실을 살아가는 실제에서 고민하는 것이 우리의 참 모습이다. 그래서 더 어렵다. 하지만 그러한 상황에서도 우리가 반드시 한 가지 기억해야 할 것은, 결국은 하나님이 이기신다는 것이다.

당장 우리의 눈에는 세상이 이기는 것 같고 우리는 손해보는 패배자로 비춰질 것이 두렵겠지만, 결국은 하나님이 이기신다. 그는 태초 전부터 영원까지 패배하지 않으신 분이다. 세상이 두려워하는 죽음도 그를 가둘 수 없는 강하신 분이시다. 스스로 사망권세를 깨시고 부활하신 우리 주님이 우리의 온전한 믿음의 대상이요, 믿음의 실제가 되시기 때문이다. 그래서 우리는 언제든 주님을 택하고 주님의 편에 서야 한다.

그동안 우리의 바알 노릇을 하고, 아세라의 역할을 했던 미래에 대한 염려와 두려움. 남들과 같이 잘 먹고 잘살고 싶어 하는 우리의 자기중심적 우상숭배. 하나님이 없이도 여기까지 잘 왔다고 생각하는 교만한 마음들을 내려놓고 하나님 편으로 돌아가야 한다.

갈멜산의 전투에서 엘리야를 통해 이스라엘 백성에게만 말씀하신 것이 아니라, 이 시대를 살아가는 우리 모든 그리스도인들에게 동일하게 주시는 강력한 메시지이다. 하나님은 양다리 걸치는 것을 싫어하신다. 세상도 사랑하고 하나님도 사랑하는 우리들의 이중적인 사랑을 기뻐하지 않으신다. 하나님은 오늘 우리에게 물으신다.

"너희는 어느 편에 설 것인가?"

우리는 결단과 선택을 촉구했던 엘리야처럼, 하나님 편에 서겠다고 다짐하고 결단했던 여호수아처럼 하나님을 반드시 택해야만 살 수 있다. 이제 선택하고 결단하자.

당신은 하나님의 편에 설 것인가?

> 그러므로 이제는 여호와를 경외하며 온전함과 진실함으로 그를 섬기라 너희의 조상들이 강 저쪽과 애굽에서 섬기던 신들을 치워버리고 여호와만 섬기라 만일 여호와를 섬기는 것이 너희에게 좋지 않게 보이거든 너희 조상들이 강 저쪽에서 섬기던 신들이든지 또는 너희가 거주하는 땅에 있는 아모리 족속의 신들이든지 너희가 섬길 자를 오늘 택하라 오직 나와 내 집은 여호와를 섬기겠노라 하니 (수 24:14-15).

✱✱ 내용 생각해보기

1. 엘리야가 이스라엘 백성들을 꾸짖은 이유는 무엇인가?

2. 이스라엘 백성들이 머뭇거렸던 이유는 무엇인가?

3. 갈멜산의 전투에서 엘리야가 나타내고 싶었던 것은 무엇인가?

❋ 나를 돌아보기

1. 지금 나를 머뭇거리게 만드는 고민과 염려는 무엇인가?

2. 내 삶 가운데 역사하시는 하나님은 어떠한 분이신가?

3. 이제는 하나님 앞에 온전하게 서기 위한 나의 다짐을 적어보자.

You, God's Man

너,
하나님의
사람아

제2장

기쁨의 사람 삭개오

> 예수께서 그곳에 이르사 쳐다보시고 이르시되 삭개오야 속히 내려오라 내가 오늘 네 집에 유하여야 하겠다 하시니 급히 내려와 즐거워하며 영접하거늘(눅 19:5-6).

신약성경을 통해서 우리가 알 수 있듯이 예수님은 당시 가장 주목 받는 사람 중에 한 사람이었다. 열두 명의 핵심적인 제자들을 데리고 다녔지만, 그의 주변에는 언제나 수많은 인파들로 붐볐다. 그의 행선지나 노선은 언제나 사람들에게 알려졌었고, 도착하지도 않은 마을에 많은 사람들이 붐비며 예수라는 청년을 보기 위해 애를 쓰는 진풍경이 벌어지기도 했다.

예수님은 여리고라는 마을로 행선지를 정하셨다. 성경은 예수님이 여리고로 들어가 지나가시는 길을 설명하며 갑자기 삭개오라는 세리를 등장시킨다.

이 삭개오의 특징은 세리장이었으며 부자였고 키가 작은 사람이라는 것 외에는 알 수 있는 기록이 없다. 삭개오 역시 당대 최고의 인기 있는 인물이었던 예수님을 보고 싶어 했다. 자기가 사는 마을을 지나간다고 하니 당연히 앞서 나서 관심을 가질 법도 했다. 많은 사람들이 늘 말로만 수군대던 예수라는 사람을 직접 눈앞에서 볼 수 있다고 생각하니 그는 흥분하기 시작했다. 실제로 그럴 수밖에 없었던 것이, 그의 직업이 그런 상황을 설명해주고 있다.

당시 세리는 매국노로 낙인찍힐 수밖에 없는 사람이었다. 같은 민족의 돈을 부당 갈취하는 부도덕한 사람들이요, 로마제국에 세금을 납부하는 앞잡이와도 같은 사람이었다. 그런 세리를 사람들은 당연히 멸시했고, 사회 계층에서도 가장 천하고 낮은 계급의 사람들과 같이 피했다. 심지어 창녀들과 같은 취급을 받았으며, 유대인의 모임의 장소인 회당조차도 들어갈 수 없는 처지였었다.

그렇기 때문에 세리였던 삭개오가 자연스레 어울릴 수 있는 사람들은 같은 부류의 세리와 죄인들뿐이었다. 그는 재산이 많은 부자였음에도 불구하고 공공장소에서 자기 자신을 드러내놓고 사람들 앞에서 부자행세 또한 할 수 없었다.

삭개오는 예수님을 보기 위해 모인 사람들을 두려워했을 것이다. 사람들이 삭개오를 피한 것이 아니라 삭개오가 사람들을 피했던 것이다. 사람들이 세리를 어떠한 눈으로 바라보는지 그는 잘 알고 있었다. 그래서 군중 속에 들어가서 기분이 상하느니 차라리 거리를 두고 혼자 마음 편히 살아가는 것이 더 낫다고 생각했다.

뽕나무에 올라가 예수님을 보기 원했던 삭개오를 설명하면, 많은 사람들이 그의 작은 키가 그로 하여금 뽕나무 위로 올라갔다고 말을 한다. 키가 작았기 때문에 사람들 사이에서는 예수님을 볼 수 없었고, 그래서 간절히 보고자 하는 마음으로 나무 위로 올라갔다고 상황을 그려본다.

그러나 우리가 함께 생각해보아야 할 것은, 그의 작은 키가 예수님을 볼 수 없는 그의 결정적인 문제가 아니라는 사실에 놀라야 한다.

만약 삭개오가 자기 자신이 가진 직업과 신분에 대해 당당하고 떳떳할 수 있었다면, 모인 사람들을 헤집고 들어가 예수님을 보지 않았을까?

사회적으로 인정받는 사람이었다면 아마도 그는 다른 사람들로 하여금 비키라고 명령하여 예수님을 보았을 것이다. 그러나 그가 뽕나무 위로 달려 올라간 것을 보면, 삭개오가 사람들과 함께 어울리는 것을 얼마나 꺼려했는지 짐작할 수 있다. 더불어 외로웠던 그가 얼마나 간절하게 예수님을 보고 싶어 했는지도 우리는 알 수 있다.

그러나 정말 중요한 문제는 삭개오가 가진 직업이었다. 그는 사람들 앞에 설 수 없었다. 그가 가진 신분과 처한 상황은, 사람들 앞에서 공개적으로 예수님을 볼 수 없게 만들었다. 예수님을 보고자 했던 그에게 진짜 장애물은 작은 키가 아니라 자신이 가진 세리라는 신분이었다.

세리는 성경에서 언제나 죄인들과 함께 등장한다. 세리에 대한 평가를 알 수 있는 대목이 또 있는데, 누가복음에 세리는 바리새인과 함께 기도하러 성전에 올라가는 모습이 나온다. 그런데 바리새인이 세리를 가리키며 그와 같지 않음에 감사하는 기도를 하는 것으로 볼 때, 사회적으로 얼마나 많은 조롱과 비난, 저주와 멸시를 받았는지 짐작할 수 있다. 다시 말하면 세리는 사람 취급을 받지 못하는 존재였다.

삭개오는 예수님이 그대로 걸어오시면 지나갈 수밖에 없는 그 길가에 있는 뽕나무 위로 올라가서 지나가실 예수님을 기다리고 있었다. 단 한 순간이어도 괜찮았다. 지나가시는 그 길에 예수님의 얼굴 한 번 볼 수만 있다면 참 좋겠다라고 생각했을 것이다.

예수님을 만나서 인생을 역전한다거나, 그에게서 엄청난 기적을 체험하기를 원했다기보다 그냥 한 번 보고 싶은 마음이 가득했던 것이다.

'말로만 듣던 예수를 내가 보다니. 이 얼마나 흥분되는 일인가?'

죽은 자를 살리고, 병든 자를 고치고, 눈먼 자를 눈 뜨게 하는 그 예수를 삭개오도 너무 보고 싶어 했다. 그런데 그 순간 놀랄만한 일이 벌어졌다. 나무 위에서 아래를 내려다보며 지나가는 얼굴 한 번 보는 것만으로도 충분히 만족했을 삭개오였지만, 자기가 올라갔던 나무 아래 예수님께서 걸음을 멈추신 것이다. 전능하신 하나님이 걸음을 멈추신 것이다.

한번 상상해보라. 모든 사람들의 눈을 피해 뽕나

무 위에 올라가 자신의 몸을 숨기고 예수님을 내려다보는 그의 모습을.

아무도 모르게 나무 위로 올라갔는데 그 나무에서 아래 발걸음을 멈추시고 삭개오의 이름을 부르시는 예수님의 모습을 상상해보라.

예수님께서는 삭개오를 그냥 지나쳐 가시지 않으셨다. 누가복음 19장에 여리고로 지나가셨던 이유는 다름 아닌 삭개오를 부르시기 위함이셨다. 삭개오의 심장 박동 수가 빨라지는 그 순간 예수님께서는 삭개오의 이름을 부르셨다.

"삭개오야 내려오느라."

모든 사람들의 입에 오르락내리락할 때는 저주받은 것만 같았던 창피한 이름이었지만, 지금 이 순간만큼은 가장 감격스럽고 기쁨이 넘치는 순간이었다.

아무도 알아주는 사람이 없으며 모두가 손가락질하는 삭개오에게 예수님은 다가가셨다. 그리고 그를 향하여 함께 집으로 가자고 제안하셨다. 삭개오는 예수님의 말씀에 신속 정확하게 반응했다. 속히 내려오라는 예수님의 말씀에 그는 급히 내려와 예수님을 맞이했다. 이것이 순종하는 자의 참된 모습이다. 머뭇거리지 않고 그의 말씀에 즉각 반응하는 자세가 우리에게도 필요하다.

> 예수께서 그 곳에 이르사 쳐다보시고 이르시되 삭개오야 속히 내려오라 내가 오늘 네 집에 유하여야 하겠다 하시니 급히 내려와 즐거워하며 영접하거늘 (눅 19:5-6).

삭개오의 마음의 심정이 불안함에서 기쁨으로 급격하게 변하는 순간이었다. 삭개오는 아주 기쁜 마음으로 나무에서 뛰어 내려왔다. 그 순간만큼은 세상 어느 것도 부러울 것이 없었다. 그동안 세리라는 직업 때문에 사람들에게 정죄 받으며 손가락질 당하던 언짢은 마음과 동시에 군중들을 향한 두려움이 사라지는 순간이었다.

　사람들은 수군거리기 시작했다. 예수님에 대한 기대가 컸던 만큼 실망이 커지는 순간이었다. 아마도 사람들은 예수님이 삭개오가 누군지 모르고 있다 생각했을 것이다. 그런데 사람들이 놓치고 있었던 부분은 삭개오를 찾으신 예수님의 마음이었다.

　사람들은 예수님이 삭개오가 어떤 죄인인지 잘 모르고 그의 집에 가려 한다고만 생각했지, 뽕나무 위에 숨어서 예수님을 바라보던 그의 이름이 삭개오라는 것을 어떻게 알았는지에 대한 관심은 없었다. 그 날 삭개오의 집에서 무슨 일을 하실 지에 대한 관심은 추호도 없었다. 다만 그들이 싫어했던, 공공의 분노를 샀던 삭개오에게 접근하는 예수님의 모습에 적지 않은 실망감을 나타낼 뿐이었다.

　이렇게 많은 사람들이 삭개오에 대한 부정적인 이야기와 함께 예수님에 대한 실망을 나타낼 때, 정작 가십거리의 주인공인 두 사람은 사람들 사이에 벌어진 상황을 전혀 문제 삼고 있지 않았다. 삭개오는 나무에서 내려오자마자 예수님을 향하여 큰 결단을 한다.

  아무도 알아주지 않았던 자기를 불러주신 주님을 향하여 자기 재산의 절반을 가난한 자들에게 나누어 주겠다고 약속했다. 또한 누구를 속여 재산을 모은 일이 있다면, 네 갑절이나 갚겠다고 공언했다. 삭개오가 그냥 생각이 없이 내 뱉은 말이 아니다.

  그동안 세리라는 직업을 가지고 살아가며 자신이 늘 마음에 품고 있던 부담감을, 이제 예수님 앞에 속 시원하게 털어 놓은 것이다. 부당하게 이득을 취해 부자로는 살아갈 수 있었지만 사람답게 살지 못하는 자기 자신에 대한 절망감이 그의 마음속에 있었다.

  그런 그의 마음의 짐을 예수님을 만남으로써 털어 놓을 수가 있었다. 예수님께서는 그런 삭개오의 고백에 긍정적으로 반응하셨다. 단순히 자신의 재산을 어려운 사람에게 나누어주고, 속인 것을 바로잡겠다는 고백에 구원을 허락하신 것은 아니었다.

이미 창세 전에 구원받기로 택함 받은 그를 만나 주심으로, 그러한 고백을 이끌어내셨고 이미 그에게 주어진 구원을 다시 한 번 확인시켜 주신 것이다. 우리 모두가 다 알고 있듯이 선한 행동 자체가 구원을 이끌어 내지는 못한다.

그러나 삭개오가 예수님을 만나는 순간, 진짜를 알아보는 순간, 변화된 그의 가치관을 우리는 느낄 수 있다. 삭개오와 예수님의 만남은 놀라운 변화를 가져왔다.

지금까지 돈이 최고인 줄 알고 살았던 삭개오의 인생에 돈이 최고가 아니라 예수님이 최고인 것을 느끼게 하시고, 그의 고백을 통하여 이제는 그 고백대로 살게 하시는 예수님의 사랑과 은혜가 있었다. 예수님께서는 그렇게 잃어버린 자들을 찾아 이 땅에 오셨음을 모든 사람들 앞에서 공개적으로 밝히셨다.

목적을 분명하게 깨닫지 못하면 삭개오와 예수님의 주변에 있었던 사람들처럼 정죄와 비판만을 하게 된다. 더 중요한 것은 그릇되게 행한 이전의 삶에서 예수님을 만난 이후 달라진 삶으로 나아가는 것이고, 그 과정에 예수님께서 중심 되신다는 것을 깨닫는 것이다.

우리는 때때로 우리가 준비 되어야 예수님을 만날 수 있다고 생각하고 살아간다. 도덕적으로 조금 괜찮아져야, 남에게 거리낄 것이 없어야 예수님을 만날 수 있다고 생각한다.

그러나 우리의 부족함이 한편으로는 예수님을 만날 수 있는 기회가 된다는 사실도 함께 알아야 한다. 우리가 도덕적으로나 세상적으로 사람들에게 인정받는 사람이기 때문에 예수님이 만나주시는 것이 아니라는 것을 기억해야 한다.

우리의 구원은 우리의 문제가 아니라 예수님의 문제이다. 그렇기 때문에 우리와 전혀 연관이 없는 것처럼 보이는 예수님께서 이천 년 전, 유대 땅 이스라엘로 오셔서 우리를 위하여 십자가를 지신 것이다. 우리가 꽤나 괜찮은 사람이기 때문에 예수님이 만나주신 것이 아니라, 전혀 괜찮지 않기 때문에 예수님께서 만나주셨다는 사실을 잊지 말도록 하자.

이것이 구원과 은혜의 포인트이다. 만약 우리가 이만큼 되니까 신앙생활을 할 수 있고 나는 나름대로 괜찮다는 생각이 든다면, 우리는 조건 없이 주시는 하나님의 사랑과 그 은혜를 제대로 알지 못하는 것이다. 세상 사람들의 기준으로 삭개오는 예수님이 절대로 만나면 안 되는 사람이었다.

그러나 예수님은 그 삭개오를 만나시기 위하여 여리고를 지나셨다. 잃어버린 양. 모두에게 소외되고 희망과 소망이 없는 그 한 사람을 만나기 위해 예수님께서 움직이셨다. 그래서 주님이 우리의 참 목자요, 진정한 목자가 되시는 것이다.

지금 우리에게 필요한 것은 내가 괜찮은 사람이라는 것을 알리는 것이 아니라, 예수님이 너무도 필요하다는 사실을 인식하는 것이다. 이 정도면 괜찮다는 신앙생활이 아니라, 주님의 은혜 없이는 아무것도 할 수 없는 무능한 죄인임을 깨닫는 것이다. 주님은 우리가 잡고 있는 알량한 자존심이 무너질 때까지 기다리신다.

강압적으로 우리를 무장 해제 시킬 수 있으시지만 그렇게 하지 않으신다. 인격적이시고 사랑이 많으신 그분은 우리 스스로가 인정할 때까지 기다리고 기다리신다.

'나는 많은 사람들 속에서 예수님을 볼 자격이 없어'라고 자기 스스로의 비참함을 인정했던 삭개오에게 예수님은 찾아오셨고, 그의 인생을 송두리째 바꾸어 놓으셨다. 뽕나무 위로 올라갔던 삭개오의 정성이 아니라, 죄인이고 삶의 소망이 없던 그를 찾아오신 예수님이 주목 받아야 하는 이야기이다.

그러므로 우리도 너무 낙망하고 절망하지 않아도 된다. 사람들에게 인정받지 못하고, 도덕적으로 나을 것이 없는 그때가 바로 예수님을 만나기에 적기라는 것이다. 우리 모두는 부족하다. 다만 괜찮은 사람이라는 기준점이 너무 아래로 내려와 그 중에 꽤나 괜찮은 사람이 있는 것처럼 보이는 것뿐이다.

로마서 3장 23절의 말씀처럼 정말 세상에 의인은 하나도 없다. 하나님의 기준에서 볼 때 우리 모두 무능하고 더러운 죄인에 불과하다. 주님은 자신이 그렇게 죄인이고 낮아진 마음으로 삶의 허무함을 느끼는 자들을 찾아 오셨다. 그리고 친히 삶의 소망이 되어 주셨다. 이것이 삭개오 이야기의 핵심이다.

주님께서 만나주시는 사람의 기준은 없다. 세상적 기준은 세상적인 것뿐이다. 그 이상도 이하도 아니다. 주님께서는 당신을 만나고자 하는 자를 만나주신다.

예수님을 만난 이후의 삭개오의 삶은 어떠했을까?

마치 같은 직업을 가지고 있던 마태가 세관에서 뛰쳐나와 예수님을 따랐던 것처럼, 삭개오도 세리로서 부당하게 이득을 취하는 일을 더 이상 진행하지는 않았을 것이다. 삶의 온전한 가치를 발견하고, 잃어버린 자에서 찾은바 된 그의 삶을 그냥 그렇게 흘려보내지는 않았을 것이다.

그의 남은 일생을 뽕나무에서 만난 예수님과의 추억을 되새기며 그 기쁨으로 살았을 것이다. 예수님과의 진정한 만남은 기쁨을 동반한다. 환경과 상황에 지배 받지 않는 진짜 기쁨을 누릴 수 있게 된다. 이제 삭개오가 누렸던 그 기쁨을 바로 우리가 누릴 차례이다.

✲✲ 내용 생각해보기

1. 삭개오가 뽕나무 위로 올라갔던 이유는 무엇인가?

2. 삭개오를 찾아오신 예수님의 진심은 무엇이었나?

3. 예수님을 만난 삭개오의 삶은 어떻게 달라졌는가?

✲✲ 나를 돌아보기

1. 예수님께 온전히 나아가지 못하는 나의 연약함은 무엇인가?

2. 예수님을 인격적으로 만난 이후에 나의 삶은 어떻게 달라졌는가?

   (새 신자 - 예수님을 인격적으로 만난 이후에 나의 삶은 어떻게 달라지기 원하는가?)

3. 상황과 환경에 흔들리지 않는 진정한 기쁨을 누리기 위해 지금 내게 가장 필요한 것은 무엇인가?
   그 기쁨을 어떻게 유지할 것인가?

제3장

희생의 사람 아브라함

하나님이 그에게 일러주신 곳에 이른지라 이에 아브라함이 그곳에 제단을 쌓고 나무를 벌여놓고 그의 아들 이삭을 결박하여 제단 나무 위에 놓고 손을 내밀어 칼을 잡고 그 아들을 잡으려 하니 여호와의 사자가 하늘에서부터 그를 불러 이르시되 아브라함아 아브라함아 하시는지라 아브라함이 이르되 내가 여기 있나이다 하매 사자가 이르시되 그 아이에게 네 손을 대지 말라 그에게 아무 일도 하지 말라 네가 네 아들 네 독자까지

도 내게 아끼지 아니하였으니 내가 이제
야 네가 하나님을 경외하는 줄을 아노라
(창 22:9-12).

그리스도인들이 가장 쉽게 이야기 하면서 이율배반적으로 가장 하기 싫어하는 것이 바로 희생이다. 세상 사람들이 말하는 희생의 무게와 기독교인들이 받아들이는 희생의 무게는 엄연히 다르다. 교회 밖 사람들은 희생이라는 단어를 간단한 손해 정도로 생각한다.

그러나 그리스도인은 성경을 통해 그리고 설교 말씀을 통해 전해들은 것들이 많아서 희생을 두려워한다. 마치 순교라도 해야 할 것만 같은 무거움이 있다. 혹은 전부를 드려야할 것 같은 부담감이 마음속 깊은 곳에 자리 잡는다.

왜 일까?

그리스도가 십자가에서 보여주신 희생이 담긴 사랑 때문일까?

이 희생이라는 것이 기독교인에게 즐거운 마음을 유발하는 것이 아닌 것은 확실하다. 어렵고 힘든 시대를 살아가고 있는 우리들은 '나만 아니면 돼'라고 생각하는 이기적인 태도와 마음이 있다. 그러한 마음들로 하여금 그리스도를 위한 희생을 스스로 가로 막고 있다.

다른 누군가에게 나의 가장 소중한 것을 준다는 것은 매우 어려운 일이 아니라 불가능한 일이다. 아끼는 것들 중에 하나가 아니라 가장 소중한 것, 세상에 하나뿐인 가장 소중한 것은 누구에게도 나눌 수 없는 것이다. 예외인 경우가 하나 있는데 그것은 내 가장 소중하고 아끼는 것을 받아야 하는 대상이, 나의 소중한 보물보다 더 사랑하는 존재일 때 가능하다.

아브라함은 갈대아 우르에서 평범하게 살아가는 한 사람이었다. 그에게는 아름다운 아내 사라가 있었고 가족들과 함께 평화로운 삶을 살아가고 있었다. 그러던 어느 날, 하나님께서 갑자기 아브라함에게 나타나셨고 그에게 청천벽력과 같은 말씀을 하셨다.

"아브라함아, 너는 지금 네가 살고 있는 고향집을 떠나 내가 너에게 명하는 땅으로 가라."

당시 삶의 근원이 되는 가족공동체를 떠나 산다는 것은 상상할 수 없는 일이었다.

그런데 뜬금없이 나타나신 하나님의 명령이 가족을 떠나 본인은 알지 못하는 곳으로 가서 살라 하시니 얼마나 아브라함은 어안이 벙벙했을까?

계속해서 하나님은 정신이 없는 아브라함을 향하여 말씀하셨다.

> 내가 너로 큰 민족을 이루고 네게 복을 주어 네 이름을 창대 하게 하리니 너는 복이 될지라 너를 축복하는 자에게는 내가 복을 내리고 너를 저주하는 자에게는 내가 저주하리니 땅의 모든 족속이 너로 말미암아 복을 얻을 것이라 하신지라(창 12: 2-3).

하나님이 그를 갈대아 우르에서 떠나 다른 곳으로 가라고 하실 때만해도 아브라함은 놀랬겠지만 받아들일 수 있을만한 상황이었을 것이다. 왜냐하면 그것은 그의 능력과 힘으로 어떻게든 부딪혀 볼 수 있는 것이었기 때문이었다.

그런데 정말 중요한 것은 그에게 큰 민족을 이루신다는 약속이었다. 아브라함의 불편한 심기를 건드리는 장면이 아닐 수 없다. 아브라함과 사라에게는 자녀가 없었다. 이것이 그들 가정에는 큰 아픔이었을 것이다. 지금 우리가 살아가는 시대에도 불임 가정들이 많다. 하나님께서 완벽한 공의 가운데 계심에도 불구하고, 그가 참 불공평하게 느껴질 때가 바로 이런 순간들이다.

지금 이 시간에도 지구 곳곳에는 쾌락과 향락을 즐기며 생명을 생산시키는 사고들이 여전히 많이 일어나고 있다. 그들은 원치 않았지만 그들을 통하여 보호받지 못할 생명들이 탄생되고 있다. 그 생명들은 낙태라는 이름하에 세상에 빛을 보지 못하고 죽어가기도 하고, 혹은 세상에 빛을 보게 된다 하더라도 버림받는 일이 부지기수이다.

그런데 정말 아이 낳기를 원하는 가정들은 여러 가지 사유로 인하여 아이를 가질 수가 없는 상황이 생기기도 한다. 왜 하나님께서 악인들의 심판을 기다려주시고 의인들의 간구에는 잠잠 하시는 가에 대한 고민이 오늘도 우리의 마음 한편에 자리 잡고 있다.

아브라함과 사라의 가정이 바로 이런 경우였다. 그들은 아이를 가질 수 없었다. 누구라도 반할만한 미모를 가지고 있는 사라였지만, 그는 여자로서 최고의 기쁨을 누릴 수 있는 생명을 잉태하는 축복을 하나님께서는 허락하지 않으셨다. 그런데 문제는 바로 이것이다.

왜 노년의 나이가 되도록 자녀 하나 갖지 못했던 아브라함에게 큰 민족을 이룬다고 하신 것일까?

도대체 일흔이 넘은 노인을 향하여 큰 민족을 이루시겠다는 하나님의 뜻은 무엇이었을까?

아브라함도 하나님의 이러한 약속에 어리둥절했을 것이다. 하나님의 편에서는 이스라엘의 역사의 시작이 되는 엄청난 축복을 주셨지만 아브라함은 그 축복을 복으로 받아들일 수 없는 상황이었다. 이런 말도 안 되는 일들 앞에서 아브라함이 할 수 있는 것은 세상적인 지식과 이해로 덤벼드는 것이 아니라, 오직 믿음으로 납득이 되지 않는 상황을 받아들이는 것이었다.

아브라함은 하나님의 약속을 가볍게 여겨 지나치지 않았다. 자신의 상황과 환경은 불가능한 것을 알면서도, 하나님의 약속하심을 마음속 깊은 곳에 새겨 놓았다.

우리들이 가진 성품 중에 하나는 인내하지 못함에 있다. 특히나 참을성이 없는 우리 민족은 전 세계에 "빨리 빨리"라는 단어를 전파하는데 일조했다. 무엇이든지 급하다. 견디지 못한다. 참을 수가 없다. 이게 바로 우리에게 당면한 과제이다.

특별히 답답함을 더욱 참지 못하는 우리나라는

인터넷부터 시작해서 모든 일 처리가 빠르다. 그러다 보니 모든면에서 상상을 초월한 비약적인 발전을 이루었다. 빠르면서도 편리한 삶을 추구하는 한국 사람들은 전 세계 어느 곳에도 없는 성장을 보여주었다. 이것이 무조건적으로 좋다고만은 말할 수 없지만 우리의 인내하지 못함으로 인하여 모든 것이 빨라지고 편리해진 것은 사실이다.

나는 필리핀에서 8년 이상을 살았다. 필리핀은 동남아시아에 속한 나라로 대체로 무더운 날씨가 지속된다. 무더운 열대 지방의 나라에 살아본 사람들은 잘 알겠지만 상대적으로 몸이 많이 늘어진다. 날이 너무 덥기 때문에 더운 낮 시간에 움직이는 것이 힘들다.

그래서인지는 몰라도 이 나라 사람들은 모든 것이 느리다. 아니 다른 관점에서 말하면 급할 것이 없다. 우리는 급해 죽겠는데 이 나라 사람들은 천천히 일을 진행해도 전혀 답답해하지 않는다. 은행에 들어가 번호표도 없이 한 시간이고 두 시간이고 앉

아서 기다릴 수 있는 사람들이다. 비가 오는 날이면 턱 없이 부족해지는 대중교통도 한 시간 두 시간 정도는 거뜬히 서서 기다릴 수 있는 사람들이다.

그런데 그런 필리핀 사람들의 군중 속에서 살아가고 있는 한국 사람들은 발을 동동거린다. 대중교통을 기다리는 줄이 조금만 길어져도 짜증이 목구멍까지 솟구쳐 올라오는 사람들이다. 모든 것이 빨라지면서 이제 사람들의 인내심도 거의 바닥을 치기 시작했다.

이제는 우리들이 인터넷을 사용하는 순간에도 이러한 증상이 나타나고 있다. SNS를 이용하는 대다수의 사람들이 인터넷에 올라오는 동영상이 5분이 넘어가면 잘 보지 않는다. 긴 것을 싫어한다. 오랫동안 그 동영상을 볼 의향이 없음을 말한다.

대중가요도 마찬가지이다. 10여 년 전만 해도, 보통의 가요의 길이는 4분에서 5분 가까이 되었다. 하지만 요즘은 3분대로 길이가 대폭 줄었다. 간결하고 깔끔하고 빨리 끝내는, 다시 말해서 참을성을 요구하는 일들이 많이 줄어들었다.

별것이 아닌 것 같지만, 이러한 우리 시대의 문화는 우리의 신앙생활에도 고스란히 적용이 된다. 하나님께 드리는 기도는 거의 곧바로 응답이 되어야 우리의 마음이 후련하다. 기도의 응답은 철저하게 하나님께 있는 것임에도 불구하고, 우리의 기도생활은 기도하고 나서 곧바로 응답이 되기를 하나님에게 촉구한다.

그러다가 그 기도제목이 하루 이틀을 지나도 여전한 반응이 없게 되면, 곧바로 기도를 멈춘다. 그리고는 하나님은 나의 기도에 응답하지 않으시는, 나와 거리가 먼 하나님으로 취급을 한다. 하나님의 일에는 반드시 인내와 시간이 필요한데 우리는 그러한 과정들을 통해 얻어지는 것들을 철저하게 무시한다.

하나님께서 능력이 부족하기에 우리에게 인내와 시간을 요구하시는 것이 아니다. 우리의 모든 문제들을 해결해주실 수 있는 분이심에도 불구하고 우리가 더욱 하나님께 간절히 매달리고 그분을 의지하는 방법을 배우게 하시는 것이다. 그러나 우리는 내가 기도했으므로 하나님은 반드시 응답하셔야 하는 분으로만 여기게 된다. 이것이 오늘날 우리가 가지고 있는 인내함이 없는 신앙의 문제이다.

어느 날, 배고픈 아내를 위해 집에서 부추전을 요리 한 적이 있었다. 아내가 요리를 잘하기 때문에 주방에서 설거지 말고 요리를 할 기회가 별로 없었던 나로서는 신선한 충격을 받았다. 부침가루에 반죽이 잘 된 부추를 프라이팬에 동그란 모양을 만들어 올려놓았다. 노릇노릇 익어가는 부추전이 참으로 맛있게 보였다.

그런데 생각보다 반죽의 양이 많았다. 배가 고파서 얼른 만들고 싶은 마음에 다 익지도 않은 부추전을 뒤집기도 하고 꺼내려고 안간힘을 썼다. 마음에 답답함이 있었다. 천천히 더디 익어가는 전을 보면서 조급한 마음이 들었다. 순간 내 뇌리를 스치는 한 가지는 이것이 바로 나의 모습이었다는 것이다.

인내하지 못하는 나의 모습, 먹을 수 있을 만큼 익어야 프라이팬 밖으로 꺼낼 수 있는 부추전을 보면서 인내와 견딤의 시간을 배울 수 있었다. 나는 다 끝나지도 않은 하나님의 훈련과정을 어떻게 하면 빠져나갈 수 있을까 궁리하는 영악한 사람이었다.

분명히 나가야 하는 때가 있다. 또한 분명히 기다려야 하는 때가 있다. 더 있고 싶다고 해서 더 머무를 수 있는 것도 아니다. 하나님의 정하신 때가 되면 그 시간에 맞춰서나갈 수 있는데, 그 시간들을 기다리지 못하고 있었다. 나는 그런 연약한 사람이었다.

그런 모습들을 발견하고 나니, 우리 삶 가운데 정확하게 일하시는 하나님의 타이밍과 더불어 하나님 앞에 인내함은 선택사항이 아닌 필수적인 우리의 삶의 모습임을 깨닫게 되었다.

큰 민족을 이루시겠다고 약속하신 하나님 앞에서 아브라함도 인내하지 못했다. 우리와 같은 성정을 가진 사람이라 연약한 모습을 보였다. 지금 우리들의 모습처럼 곧바로 일을 치른 것은 아니지만, 하나님의 때까지 인내하지 못했다는 뜻이다. 우리는 종종 신앙생활의 어려운 일을 만나면 이렇게 질문하고는 한다.

"어느 때까지 입니까?"

그에 대한 대답은 간단하다. 하나님의 때까지이다. 아브라함은 하나님께서 이삭을 주실 때까지 인내하고 기다려야 했다. 하나님의 약속을 붙드는 자들은 자기 기준에서의 시기를 정할 것이 아니라, 하나님께서 역사하시는 그 시간까지 인내하고 약속을 붙들어야 한다. 내가 어느 정도까지 했음을 주장하며 하나님의 역사하심을 촉구하는 기초적인 신앙생활을 이제는 내려놓아야 한다.

하나님께서 아브라함에게 나타나셔서 큰 민족을 이루시기를 약속하시고 나서 꽤나 오랜 시간이 지났다. 시간이 지날수록 더욱 초조해지고 어려워지는 것은 사라였다. 남편 아브라함에게 큰 민족을 이루시겠다는 하나님이 도대체 어떤 방법으로 일을 이루실 것인가에 대한 궁금증은 오히려 사라에게 더욱 컸을 것이다.

  십수 년이 지난 상황에서도 그들의 삶은 전혀 달라진 것이 없자, 오히려 사라는 엉뚱한 생각을 하게 된다. 자기 자신의 기준에서 하나님을 판단하고 생각할 때 나올 수 있는 오류들이다. 사라는 스스로 생각했다.

  '남편을 통해서 이루실 하나님의 큰 민족에 대한 원대한 비전은 바로 내가 아니라 나의 몸종을 통해서구나!'

  그래서 사라는 그녀의 몸종인 하갈을 아브라함에게 내어준다. 그리고 그것이 하나님의뜻을 이루어가는 것이라며 착각을 한다. 하나님께서는 아브라함과 하갈의 동침을 통하여 생명을 잉태케 하셨다. 하갈이 생명을 잉태하자 그의 여주인인 사라를 경시하기 시작했다.

  자신의 신분과 주제를 알지 못하는 교만해진 하갈, 그리고 그로 인하여 분노에 가득 찬 사라. 아마도 하나님의 약속이라고 믿고 일을 행한 사라에게는 큰 실망감과 함께 마음 가득 불편함이 자리 잡았을 것이다. 이것이 바로 우리가 하나님의 뜻을 온전히 분별하지 못하고 자기 자신의 기준대로 일을 행할 때 겪게 되는 신앙생활의 어려움이다.

결국 하갈은 이스마엘을 낳게 되었고 이스마엘로 인하여 사라는 더욱 초라하게 된다. 아브라함은 이스마엘을 통하여 기쁨을 얻었지만 이로 인하여 아브라함과 사라 그리고 하갈의 관계는 더욱 엉망이 되어버렸다.

그러나 하나님께서는 여전히 신실하셨다. 아브라함의 자손을 통하여 큰 민족을 이루시길 계획하셨던 하나님은 이스마엘이 아닌, 사라의 몸을 통해 나올 아들이 아브라함의 진짜 씨라고 말씀하시고 다시 한 번 약속하셨다.

그리고 아브라함이 99세가 되고 사라가 89세가 되던 그때, 그 다음 해에 얻게 될 아들에 대한 확실한 약속을 주셨다.

이윽고 다음 해에 백세가 된 할아버지 아브라함을 통해, 아흔 살이 된 아리따운 할머니 사라를 통해 '이삭'이라는 생명을 주셨다. 불가능 가운데서 일을 가능하게 하신 하나님의 능력은 그들을 기쁨 가운데서 즐거움을 누리기에 충분하게 하셨다. 이제 아브라함과 사라는 하나님께 더 이상 바랄 것이 없었다.

그들 가정에 평생의 소원이었던 그 두 사람을 통해 세상에 빛을 보게 될 자녀를 출산하게 되었으니 이보다 더 기쁘고 행복한 일이 있으랴?

아브라함의 평생에, 사라의 평생에 가장 기쁜 순간이 되었을 것이다. 눈에 넣어도 아프지 않을 만큼, 이 두 노인은 삶의 모든 것을 다 바쳐 이삭을 키우는 일에 힘을 썼을 것이다.

우리 주변에도 늦둥이라고 불리는 아이들이 많다. 그 아이들의 부모들을 보면 지극 정성으로 아이를 길러 과잉보호를 할 때가 많다. 스스로 할 수 있는 것들도, 단지 늦게 태어났다는 이유 하나로

부모가 모두 해결해주려는 경향이 많다. 우리들은 충분히 이해한다.

'얼마나 사랑스러우면, 얼마나 귀하면 저렇게 할까?'

물론 늦둥이를 가지지 못한 사람들은 이해할 수 없다. 오히려 그 두 부모가 극성이라고 생각할 뿐이다. 아브라함이 이삭을 어떻게 길렀는지는 성경에 자세히 기록되어 있지 않지만, 그 역시 다르지 않았을 것이다. 마치 가장 사랑하는 아내로부터 요셉을 얻어 온갖 사랑을 부어줬던 야곱처럼, 아브라함 역시 이삭에게 생명을 내어줄 만큼 사랑을 부어줬을 것이다.

그런데 하나님께서는 약속을 신실하게 지키신 것에서 더 나아가 아브라함의 믿음을 확인하길 원하셨다. 이삭은 아브라함과 사라 사이에서 태어난 독생자다. 엄연히 하나님의 약속 가운데서 태어난 하나님의 기적이다. 이러한 이삭을 제물로 바치라고 하나님께서는 아브라함에게 말씀하셨다. 청천벽력과도 같은 명령이었다. 주실 때는 언제고 이제

와서 눈에 넣어도 아프지 않을 그 아이를 제물로 바치라니.

더군다나 제물로 바칠 때에는 손수 호흡을 끊어야 하며, 각을 떠야 하고, 불로 태워야하는데, 이 끔찍한 번제물을 다른 것이 아닌 단 하나뿐인 아들 이삭으로 바치라 하시니, 아브라함은 굉장히 놀랐을 것이다.

그는 도대체 어떤 마음이었을까?

성경은 이삭을 바치라는 하나님의 명령을 듣고 난 후 아브라함의 심정에 대해서 기록하지 않았다. 다만 그의 명령에 따라 이른 아침 하나님께서 말씀하신 모리아산으로 오르는 아브라함의 순종함에 대해서 기록하고 있다.

> 아브라함이 아침에 일찍이 일어나 나귀에 안장을 지우고 두 종과 그의 아들 이삭을 데리고 번제에 쓸 나무를 쪼개어 가지고 떠나 하나님이 자기에게 일러주신

곳으로 가더니(창 22:3).

아브라함이 하나님의 말씀을 따라 이삭을 번제물로 드리기로 작정한 그 시점부터, 아브라함은 이삭을 드린 것이나 마찬가지였다. 마지막에 하나님의 음성이 다급하게 아브라함에게 들리기 전까지 그의 행동이 전혀 흐트러짐이 없었던 것을 보아하니, 그는 하나님의 명령 앞에 온전히 순종하기로 결심한 것이 분명했다.

다른 행동을 취하지 않을 것이라는 의심의 여지가 없는 올곧은 마음과 행동이었다.

만약 우리가 아브라함의 상황이었다면 어땠을까?

하나님의 음성이 잘못되었다고 확실하게 믿지 않았을까?

여러 가지 상황과 핑계를 대며 하나님의 선택이 틀렸음을 증명해내지 않았을까?

더 많이 금식하고 기도하며 하나님이 뜻을 돌이키기를 구하지 않았을까?

이것이 바로 우리의 믿음의 한계이다. 하나님께 무엇을 얻기를 원하지만 반대로 드리기는 싫어하는 우리의 모습이다. 희생이 없는 신앙생활. 작금이 시대를 살아가는 크리스천이라 불리는 우리들에게 분명히 요구되는 신앙의 자세는 희생이다.

사랑에는 분명한 희생이 뒤따른다. 사랑하기 때문에 희생해야 하는 일이 있다. 하나님께서 범죄한 우리 때문에 그의 독생자를 희생하셨고, 예수님께서 우리를 사랑하셨기 때문에 그 자신의 목숨을 내어 놓고 희생하셨다. 희생이 담긴 사랑은 진심이다. 사랑하는 척은 할 수 있지만, 희생하는 척은 할 수 없다. 희생은 실질적인 것이기 때문이다.

아브라함의 순종에는 희생이 담겨 있었다. 그가 가장 사랑하는 아들을 드려서라도 그가 하나님을 신뢰하고 사랑하고 있음을 증명해 보이길 원했다. 가장 좋은 선물보다, 그 선물을 주신 분을 바라 볼 수 있는 눈을 가진 사람이었다.

그렇다면 어떤 것이 아브라함을 희생하는 사랑

까지 이끌고 갈 수 있었을까?

그것은 바로 아브라함의 겸손함이다. 아브라함은 그 가정의 상태를 잘 알고 있었다. 하나님의 특별한 역사가 아니고서는 자녀가 생길 수 없는 환경을 너무도 잘 알고 있었다. 그 가운데서 아들을 주심은 노년임에도 불구하고 여전히 정정한 아브라함의 능력이 아니었다.

임신을 할 수 있는 특별한 약초를 먹고 임신할 수 있었던 사라의 노력도 아니었다. 이는 철저히 거저 주시는 하나님의 은혜였다. 아브라함은 바로 그 하나님의 은혜를 알고 있었다. 그것이 그로 하여금 하나님 앞에 겸손히 나아갈 수 있게 만든 것이다.

아브라함은 하나님 앞에 자기 생명보다 귀했던 아들 이삭을 희생하여 드리기로 결심했다. 아들을 너무 사랑했기에 대신 자신의 생명을 드리겠다고 하나님께 둘러대지 않았다. 이는 아브라함이 하나님께서 무엇을 원하시는지 정확하게 파악하고 있었다는 것과도 같다. 때로 우리는 하나님께서 원하시는 것이 아닌 우리가 드리고 싶은 것을 드릴 때가 많다.

그러나 신앙생활의 중점은 내가 원하는 방식대로의 삶이 아니라 하나님께서 원하시는 대로 살아가는데 있다. 우리는 모든 영광과 스포트라이트를 받기 원하면서 결국 주님께서 드러나시도록 필요한 희생은 거절한다. 수고는 내가 하고 영광은 하나님께 돌려야 하는 우리의 신앙생활이, 수고는 하나님이 하시고 영광은 내가 취하길 원하게 된다.

이것이 누구를 위한 신앙생활인가?

우리 자신을 철저하게 돌아보아야 한다. 하나님은 아브라함에게 가장 좋은 선물을 주셨지만, 그 가장 좋은 선물을 주신 분을 기억하길 원하셨다. 중요한 것은 선물이 아니라 선물을 주시는 하나님이시다. 우리는 삶에서 수 없이 많은 선물을 받았음에도 불구하고 눈이 멀어 하나님을 보지 못하는 경우가 많다.

그러나 이제 아브라함의 상황을 되새기며 선물

이 아닌 선물 주시는 하나님께 더욱 집중해야 한다. 신약성경 히브리서에는 아브라함이 어떻게 이삭을 바칠 수 있었는지에 대한 설명이 나와 있다.

> 아브라함은 시험을 받을 때에 믿음으로 이삭을 드렸으니 그는 약속들을 받은 자로되 그 외아들을 드렸느니라 그에게 이미 말씀하시기를 네 자손이라 칭할 자는 이삭으로 말미암으리라 하셨으니 그가 하나님이 능히 살리실 줄로 생각한지라 비유컨대 그를 죽은 자 가운데서 도로 받은 것이라(히 11:17-19).

아브라함은 이삭을 드리면 하나님께서 다시 살리실 줄을 확실하게 믿었다. 하나님을 향한 신실한 믿음이 가장 좋은 선물을 받았음에도 불구하고 그 선물을 주신 분을 볼 수 있게 하였다. 이전에 출판된 필자의 책『청년아, 이 세대를 본받지 말라』에도 아브라함의 부활신앙에 대해서 적어 놓았다. 하나님을 향한 온전한 믿음은, 세상에서 가장 좋은 것이 아닌 모든 좋은 것의 영원한 공급처이신 하나님을 볼 수 있게 한다.

이제 우리도 나 중심의 신앙생활에서 하나님 중심의 신앙생활을 해야 한다. 그러기 위해서는 손해와 희생을 싫어하는 현대의 그리스도인들의 삶에 더욱 공격적인 외침이 있어야한다. 하나님 때문에 손해보아야 하고 하나님 때문에 희생해야 한다.

우리의 삶에서 일어나는 일들에 대해 우리는 당연하게 '하나님 때문'이라고 말할 수 있어야 한다. 이것이 바로 우리의 삶을 주관하시는 하나님을 인정하는 고백이다.

✱✱ 내용 생각해보기

1. 하나님께서 아브라함에게 약속하신 것은 무엇인가?

2. 아브라함이 인내하지 못하고 벌인 행동은 무엇인가?

3. 하나님은 이삭을 통하여 아브라함의 무엇을 원하셨는가?

나를 돌아보기

1. 지금 내가 하나님의 말씀에 인내하지 못하고 있는 것은 무엇인가?

2. 하나님께서 지금 나에게 요구하시는 희생은 어떤 것인가?

3. 나 중심의 신앙생활이 아닌 하나님 중심의 신앙생활로 살아가기 위한 나의 결단은?

제4장

정직한 영을 구한 사람 다윗

하나님이여 내 속에 정한 마음을 창조하시고 내 안에 정직한 영을 새롭게 하소서 나를 주 앞에서 정직한 영을 새롭게 하소서 나를 주 앞에서 쫓아내지 마시며 주의 성령을 내게서 거두지 마소서 주의 구원의 즐거움을 내게 회복시켜 주시고 자원하는 심령을 주사 나를 붙드소서 (시 51:10-12).

하나님께서 우리 인간에게 주신 가장 귀한 선물 중에 하나는 바로 양심이라는 것이다. 이 양심이라는 것은 누군가와 비교하는 것이 아니라 철저하게 자기 자신의 기준과 잣대에서 출발한다. 모두가 아니라 할지라도 본인의 마음속에서 맞는다고 느껴진다면 그것은 분명히 스스로의 양심에서 출발한 마음이다.

또 반대로 모두가 맞는다고 해도 본인이 아니라고 느껴진다면 그 또한 개인의 양심의 문제라고 볼 수 있다. 이렇게 우리 모두는 마음속에서 옳고 그름에 대해서 조용하게 속삭이는 양심이 있다. 특히나 세상을 살아가면서 도덕적인 부분에 있어서 양심의 역할은 매우 중요하다. 이는 분명한 하나님의 선물이기 때문이다.

지금 우리가 살고 있는 이 시대는 정직함을 잃어버린 시대이다. 옳고 그름을 떠나서 개인이 잘 되는 일이라면 얼마든지 양심을 팔아넘길 수 있는 시대이기 때문이다. 사람이 사람답게 살아가는 것보다 더 중요한 것은 잘 먹고 잘 사는 것이라고 가르치는 잘못된 사회의 가르침이 지금의 세대를 이렇게 만들어버렸다.

도대체 무엇이 문제일까?

왜 우리는 하나님께서 주신 아름다운 정직함을 간직하지 못한 채 이렇게 더럽게 타락해버렸을까?

그것은 아마도 지나친 자기사랑 때문일 것이다. 나 자신을 향한 가장 큰 사랑을 스스로 채워주고 있기 때문이다. 이것은 건강한 자존감, 하나님께서 주신 귀한 생명을 존귀하게 여기는 건강한 자존감과는 거리가 멀다. 지나친 자기 사랑은 모든 삶의 이유와 목적이 자기 자신에게 맞춰져 있는 것을 말한다. 그러므로 타인에게 어떤 피해나 손해를 끼치더라도 나 자신이 좋다면 그만인 것으로 삶의 중점을 두는 것이다.

본인의 이익을 위해서라면 도둑질은 물론이고 생명을 위협하는 일, 심지어는 살인까지도 거뜬히 저지를 수 있는 것이 지나친 자기 사랑에 따른 자기 우상화의 결과이다. 그렇기 때문에 개인의 양심이나 정직함은, 자기 사랑에 목마른 사람들에게는 전혀 문제가 될 것이 없다.

그러나 성경은 이 문제를 가리켜 명백하게 죄라고 규정한다. 하나님 앞에 정직하지 못함은 하나님께 대한 범죄함이다. 이것은 모든 것을 알고 계시는 하나님을 기만하는 것으로부터 시작해서, 스스로 옳다 함을 인정하는 자기 의와 모든 것이 괜찮다는 교만한 생각 등의 죄악들이 복합적으로 일어난다.

이 양심을 속이고 정직함이 깨어지는 죄악에 있어서는 특별한 대상자가 따로 있는 것이 아니다. 누구든지 범할 수 있으며 누구든지 이 죄악에 휘말릴 수 있다. 우리 모두가 전적으로 타락한 죄인이기 때문이다. 그래서 큰 문제될게 없는 것처럼 보이는 이 정직함에 대한 문제가 결국은 큰 죄악으로 들어가는 입구와도 같은 역할을 하게 된다.

'하나님의 마음에 합한 자'라는 칭호를 얻었던 다윗도 예외일 수 없었다. 이처럼 정직함의 문제는 겉으로 보이지는 않지만 얼마든지 우리를 파멸의 길로 몰아세울 수 있는 부비트랩 같은 죄악이다.

다윗은 이스라엘의 두 번째 왕이었다. 하나님께 범죄한 사울 왕을 대신하여 세워진 하나님의 마음에 합한 사람이었다. 다윗은 어릴 적 기름 부음을 받은 이후에 골리앗을 물리쳐 나라를 구했고, 사울 왕의 사위가 되어 왕궁생활을 하게 되었다.

다윗을 바라보는 사울의 마음은 나라를 구한 고마움과 애정에서, 질투심으로 가득한 애증으로 바뀌기 시작했다.

참으로 고마웠던 그가, 이제는 보기만 해도 죽이고 싶은 마음이 들 정도로 미워졌다. 다윗은 어쩔 수 없이 사울 왕을 떠나 피신을 다녀야 했고, 그의 삶은 말로 할 수 없을 만큼 비참해 졌다.

하나님의 기름 부으심을 받아 왕이 되어야 했던 그는 오히려 생명을 보존하기 위해 이리 저리 피해 다니고 숨어 다녀야만 했던 비참한 신세가 되었다. 그러한 시기 가운데 다윗은 여전히 하나님 앞에 정직하기를 노력했고, 신앙의 순결함을 지키기 위해 부단히 애썼다.

때가 되어 하나님께서 다윗을 이스라엘의 두 번째 왕으로 세우시고 그로 하여금 태평성대를 누리게 하셨다. 전쟁에서 승리하게 하셨고 나라를 잘 다스리는 선왕으로 모든 사람들의 기억 가운데 오래오래 남게 하셨다.

그랬던 다윗이 하나님 앞에 해서는 안 될 더럽고 추악한 죄악의 중심에 서게 된다. 당시의 왕은 전쟁에 함께 참여하여 싸워야 했었고, 실제로 다윗은 싸움에 능한 장수였다. 문제가 되었던 그날 다윗은 전쟁에 참여하지 않았고, 왕궁을 거닐며 목욕하는 한 여인을 보게 된다.

다윗의 눈에 심히 아름다웠던 그 여인의 이름은 밧세바였다. 이미 모든 것을 가졌고 누릴 만큼 누리고 있는 다윗이 또 다른 여인을 보고 흑심을 품은 그 자체가 이미 그에게는 욕심이었고, 그를 파멸의 길로 이끌 범죄의 시작이었다.

나는 욕심을 이렇게 정의하고 싶다. 내 삶에 없

어도 되는 것들을 무리하게 삶 가운데로 끌고 들어오는 것. 사실은 없어도 크게 지장 없는 삶인데, 반드시 있어야 할 것처럼 여기는 것이 바로 욕심이다. 다윗은 이미 부인이 있었다. 이미 모든 것을 가졌고, 풍족했던 다윗도 정욕을 참지 못하고 밧세바를 범하는 죄를 저질렀다. 하나님께서 계셔야 하는 그 자리에 다윗 자신의 욕심이 자리 잡았기 때문이었다.

그러나 그의 죄악은 단순히 자기 자신을 만족시키는 자기 숭배에서 멈추지 않았다. 분명 신하들이 밧세바는 충성된 우리야 장군의 아내라고 설명했지만, 다윗의 귀에는 들리지 않았다. 이것이 죄악이 가진 특징 중에 하나이다. 죄는 자동적으로 지어지는 것이 아니다. 무의식적으로 우리 안에 죄에 대한 암묵적 동의가 일어날 때 우리가 죄를 저지르게 된다.

이 때 죄가 가진 특성이 드러나게 되는데, 우리의 눈을 멀게 하고 우리의 귀를 막으며 우리의 마음을 하나님에게서 분리시켜 놓는다. 다윗은 밧세바를 범하기로 작정하는 순간 다른 어느 것도 고려할만한 사항이 없었다. 하나님에 대한 집중력이 떨어지게 되는 순간이었다. 다윗은 단순히 육체적 기쁨과 만족을 누리려 했다.

우리야의 아내 밧세바는 다윗으로 인하여 임신을 하게 되었다. 밧세바가 이를 다윗 왕에게 보고하자 다윗은 또 다른 범죄를 계획한다. 전쟁에서 맹렬히 싸우는 우리야 장군을 집으로 돌려보내 밧세바와 동침을 하게 한 후, 그로 인하여 임신한 척하게 하려는 것이었다. 실제로 우리야 장군을 비롯한 모든 사람들을 속일 수는 있었다.

그러나 다윗은 모든 것을 다 알고 계시는 하나님을 속일 수는 없었다. 또한 이 사실을 다윗과 밧세바, 두 사람은 정확하게 알고 있었다. 다윗의 명령에 따라 군대 장관이었던 요압은 우리야 장군을 전쟁터에서 철수시키고 다윗에게로 보낸다. 다윗은 그를 격려하고 수고를 취하하며 꿀 같은 포상을 준다.

그리고 밧세바가 있는 우리아의 집으로 돌려보내는데, 그 목적은 범죄를 덮어내기 위한 다윗의 어리석고 음침한 계략일 뿐이었다.

그러나 다윗과 이스라엘 나라를 위하여 충성을 바친 우리야 장군은 전쟁터에서 목숨 걸고 싸우는 동료들과 부하들을 생각하여 집으로 가지 않고 왕궁 문에서 엎드려 잔다. 우리야 장군의 충성심이 더욱 돋보이는 장면이다. 다윗의 죄악으로 인하여 더욱 돋보인 우리야 장군의 충성심은 다윗을 더 안절부절못하게 만들었다. 다윗은 그를 가만히 둘 수 없었다.

다시 우리야 장군을 불러 만취하게 만들고 많은 음식물들로 그를 기쁘게 해주지만, 그는 다시 집으로 들어가지 않았다. 다윗이 생각했던 악한 계획이 수포로 돌아가자 그는 더욱 악한 생각을 하게 된다. 요압 장군에게 편지를 보내어 우리야를 전쟁의 가장 치열한 곳으로 보내어 그로 죽게 하라는 지시였다. 명백한 살인청탁이었다.

자신의 잘못을 감추기 위하여 그는 거짓을 일삼고 살인까지 저지르게 된다. 그의 평안함과 안락함에서부터 오는 욕심과 교만이 하나님에 대한 단절을 불러 일으켰고, 하나님을 향한 그의 정직함을 빼앗았으며 그를 간음자요, 거짓말쟁이요, 살인자로 만들어 버렸다.

그런데 더욱 놀라운 사실은 다윗이 이렇게 사람으로서 할 수 없는 비극적인 죄를 저지르고도 그가 무엇을 잘못했는지 깨닫지 못했다는 것이다. 다윗의 일대기를 보면 하나님과 너무도 가깝고 친밀한 교제를 나눈 사람이었다. 하나님의 이름을 욕되게 했다는 이유 하나로 골리앗과 싸웠고, 하나님이 기름 부으셨다는 이유 하나로 자신을 죽이려는 사울을 해롭게 하지 않았다.

그러나 다윗이 자기만족으로 인한 죄악으로 스스로를 더럽게 물들이고 난 이후에는, 더 이상 하나님과의 관계를 찾아볼 수가 없었다. 이처럼 죄는 하나님과의 관계를 철저하게 끊어버린다. 다윗도 예외일 수 없었다. 그렇게 다윗은 죄악으로 인하여 하나님을 기억할 수조차 없는 지경에 이르렀지만, 하나님께서는 그를 향한 사랑을 멈추지 않으셨다.

하나님께서는 나단 선지자를 보내어 그로 하여금 깨닫게 하시고 회개할 수 있는 기회를 주신다. 나단과의 대화에서도 다윗은 역시 자신의 죄를 깨닫지 못했다. 오히려 언성을 높이며 나단이 들었던 비유에 화를 내기도 했다. 다윗이 분노하며 죽어 마땅하다고 한 사람이 자신일줄은 꿈에도 몰랐던 것이다.

우리가 우리의 눈으로 절대 보지 못하는 것이 있다. 그것은 바로 우리 자신의 모습이다. 다른 사물을 바라보거나 사람들을 바라볼 때는 우리의 눈이 매의 눈이 되어 날카롭게 바라보지만, 정작 자기 자신은 볼 수 없는 치명적인 약점이 있다. 심지어 치아 사이에 있는 작은 고춧가루 하나도 누가 알려주거나 거울을 보기 전까지는 깨달을 수 없다.

그래서 우리는 거울이 필요하다. 자신을 점검하

고 돌아볼 수 있는 거울말이다. 이 거울로 우리의 외모만 가꿀 것이 아니라, 우리의 영을 돌아볼 수 있는 영적 거울이 되게 해야 한다.

그렇다면 우리가 가져야 할 영적 거울은 무엇인가?

그것은 당연히 성경이다. 더럽혀지고 때 묻은 우리의 영을 점검할 수 있는 것은 성경뿐이다. 우리의 정직함을 잃어버리게 한 죄악들에 대한 철저한 점검도 성경뿐이다. 우리의 감정이나 생각이나 지식이 아닌 오직 하나님의 말씀뿐이다.

다윗에게는 말씀이라는 거울을 통하여 자신을 보여줄 수 있는 나단 선지자가 있었다. 하나님의 말씀대로 다윗을 철저하게 꾸짖었을 때, 다윗은 그제서야 자신의 죄악을 알고 하나님께 자복하였다. 그때 지은 시가 바로 시편 51편의 찬송이다.

다윗은 알고 있었다. 죄악이 가져다주는 처참한 결과를. 자기 자신이 죄악에 있었음에는 무감각했지만 죄가 가진 심각성에 대해서는 잘 알고 있었다. 말씀에 비추어 자기 자신을 돌아보았을 때, 이미 하나님에게서 저만치 멀어진 자신의 모습이 너무나도 두려웠다.

다윗은 매 순간 부어주시는 하나님의 영이 자신을 떠날까 두려워했다. 하나님으로 인하여 얻었던 기쁨이 어느새 사라진 것을 깨닫고, 그 즐거움을 다시 회복시켜 달라고 기도하였다. 그의 기도는 단순히 '잘못했습니다' 정도로 그치는 것이 아니라, 창자가 끊어질 정도의 아픔을 동반한 회개 기도였다.

다시는 그러한 죄로 인하여 하나님과 분리되는 아픔을 느끼고 싶지 않아 발버둥 치는 기도였다. 그 가운데서 가장 주목하여 보아야 할 것은 죄악된 자기 자신의 잃어버린 정직한 영을 회복시켜 달라는 것이었다.

이 얼마나 뻔뻔하고 염치없는 기도인가?

간음죄와 하나님을 업신여겨 거짓말로 음모를 꾸민 일들과 살인죄까지 저지른 죄인이 하나님께 기도하는 내용이, 정직함을 잃어버린 자신의 영을 깨끗게 하여 다시 정직한 영을 회복해달라는 것이었다.

다윗은 결코 자기 자신의 능력을 의지하지 않았다. 스스로 잘할 테니 한 번 봐달라고 하지 않았다. 그는 온전히 하나님을 의지하여 하나님의 능력으로 정결케 될 것을 간구했다. 이것이 회개 기도의 모범 답안 이다. 오직 하나님을 의지하여 그의 능력으로만 회복될 것을 구하는 것이다.

다윗은 어떻게 해서든지 하나님과 더욱 붙어 있고 싶어 했고, 자기 자신의 모든 죄악들을 완전히 인정하면서 그 동시에 죄를 사해주시기를 기도했다. 이 후에 다윗이 같은 죄악으로 인하여 범죄함이 성경에 더는 기록되지 않는다.

일반인들이 할 수 있는 범죄보다 훨씬 강도 높은 죄악으로 하나님에게서 멀어졌던 그는, 훗날 하나님께 내 마음에 합한 자라 칭함을 받는다. 하나님 앞에서의 정직함과 순결함이 회개함으로 회복되었기 때문이다. 그는 그 사건 이후로 하나님 앞에 회개하고 다시 옳다함을 인정받았다. 하나님을 온전히 신뢰하고 믿었기 때문이다.

다윗의 이러한 부분이 가장 멋진 점이다. 골리앗을 넘어뜨리고, 이스라엘의 왕이 된 것보다 더욱 멋진 다윗의 모습은, 잘못함을 깨달은 즉시 하나님 앞에 엎드릴 수 있는 믿음이었다. 그는 회개하는데 있어서 주저하지 않았다. 변명하지 않고 핑계대지 않고 자신의 잘못을 시인했다. 그런 의미에서 다윗은 진정한 실패자가 아니었다.

진정한 실패는 죄를 짓는 그 자체가 아니다. 아담의 타락으로부터 범죄한 우리는 모두 죄를 지을 수밖에 없는 존재들이다.

그러나 우리가 짓는 죄악들 앞에서 회개하고 돌이키지 않는 것이 진정한 실패이다. 하나님은 죄를 짓는 그 자체보다 죄를 짓고도 돌이키지 않은 자들을 향하여 더욱 분노하셨던 사실을 기억해야 한다. 이는 죄에 대한 묵인이 아니라, 죄를 지을 수밖에 없는 우리의 형편과 처지를 아시기 때문이다. 물론 죄에 대한 대가는 분명히 있다.

그러나 회개하지 않고 돌아서지 않음에 대한 징

계와 처벌은 더욱 크다. 회개의 필요성을 느끼지 못함은 죄에 대한 깨달음을 알지 못함이요. 죄에 대해 깨닫지 못함은 하나님에 대한 무지함이요. 하나님에 대한 무지는 영원한 심판이 기다리기에, 작고 작지만 중심이 담긴 회개를 통해 하나님 앞에 바로 서는 삶이 되어야 한다.

다윗의 정직함을 기억하라. 하나님을 향해 다시 정직한 영으로 관계를 회복하고자 했던 그의 순수한 마음이, 하나님으로부터 합한 자라는 칭호를 들을 만큼이나 귀한 중심이었다. 이제 우리도 우리의 거짓됨을 벗어내고 정직함으로 하나님 앞에 바로 서는 세대가 되어야 한다.

내용 생각해보기

1. 다윗이 밧세바를 범한 이유는 무엇이었는가?

2. 죄가 주는 심각성은 무엇인가?

3. 죄에서 돌이키는 다윗의 기도는 무엇이었는가?

✱ 나를 돌아보기

1. 나를 넘어뜨리는 죄악들은 무엇인가?

2. 죄를 짓고 난 이후의 나의 모습은 어떠한가?

3. 죄에서 돌이키기 위한 나의 회개와 노력은 무엇인가?

제 5 장

돌파하는 믿음의 여인
(12년간 혈루병에 걸렸던 여인)

열두 해를 혈루증으로 앓아 온 한 여자가 있어 많은 의사에게 많은 괴로움을 받았고 가진 것도 다 허비하였으되 아무 효험이 없고 도리어 더 중하여졌던 차에 예수의 소문을 듣고 무리 가운데 끼어 뒤로 와서 그의 옷에 손을 대니 이는 내가 그의 옷에만 손을 대어도 구원을 받으리라 생각함일러라 이에 그의 혈루 근원이 곧 마르매 병이 나은 줄을 몸에 깨달으니라 (막 5:25-29).

하나님이 기뻐하시는 믿음을 가지기 원하면서 하나님이 원하시는 일들은 하지 않는 우리의 모순된 모습을 어떻게 설명할 수 있을까?

작금의 세대는 하나님을 기쁘시게 하는 일과 자기 스스로의 만족의 갈림길에서 갈팡질팡할 수밖에 없는 시대를 살아가고 있다. 사실 우리가 살아가는 세상은 믿음 하나로 해결할 수 없는 일들이 너무도 많다. 이 세상은 우리의 생각보다는 더욱 차갑고 현실적이다.

젊은 청년들과 학생들이 세상 가운데서 믿음을 지키기 위하여 감수해야 할 손해와 희생은, 기성세대가 생각하는 것보다 훨씬 더 타격이 크다. 무조건적으로 손가락질하며 믿음이 없는 세대라 비판하기보다 왜 이런 시대 가운데 살아갈 수 밖에 없었는지 함께 고민하여 기도해야 할 때이다.

분명히 우리가 가슴에 새겨야 할 것은 다니엘 김 선교사님의 말씀처럼 '내일은 환란이지 평안이 아니다'는 것이다.

오늘보다 내일이 신앙생활을 하기 더 어려운 시대라 이야기한다. 다시 말하면 오늘보다 내일이 더욱 어둡다는 것이다. 이럴 때 우리는 신앙의 역발상이 필요하다. 밤이 깊어지면 아침이 오듯이, 세상이 어두워질수록 그리스도의 빛은 더욱 발하게 되어 있다.

믿음을 지키고 믿음대로 살기 더욱 어려운 시대이지만, 그 믿음이 가장 멋지게 드러날 시기도 바로 지금이라는 것이다. 믿음의 불꽃은 때로 작아 보일 수는 있지만 절대로 꺼지지는 않는다. 그 불꽃의 주인이 바로 하나님이시기 때문이다.

그렇기 때문에 지금 포기하지 말고 끝까지 인내함으로 주를 붙들어야 하는 성도의 견딤과 인내가 있어야 한다.

우리는 초등학교 시절 운동회 때가 되면 장애물 달리기를 하곤 했다. 장애물 달리기는 일반 백 미터 달리기와는 다르게 달리는 곳곳에 장애물들이 배치되어 있다. 이 장애물 달리기의 목적은 장애물을 극복하고 결승점까지 누가 먼저 도착하는가이다.

절대로 장애물을 피해서는 안 된다. 도망치는 것이 목적이 아니라, 극복하는 것이 목적인 경주이다. 이 달리기에서는 아무리 빨리 달려도 장애물들을 넘지 않으면 일등으로 인정하지 않는다. 마치 우리의 삶도 이와 같다. 우리는 앞이 시원하게 뚫린 백미터 달리기를 원하지만 현실을 살아가는 우리의 삶은 마라톤과 같은 경주에 장애물까지 설치가 되어 있는듯 하다.

간단히 넘을 수 있는 장애물부터 실제로 경주를 포기하고 싶을 만큼 벅찬 장애물까지, 넘었다 싶으면 또 다른 장애물들이 첩첩산중으로 준비되어 있다. 그러나 이것은 현실이다. 인정하고 싶지 않지만 우리 앞에 놓여져 있는 현실이다.

성경에는 삶의 장애물을 잘 극복한 한 여인이 나온다. 그 여인이 12년간 혈루병(피가 멈추지 않는)으로 고생하고 있다고 상상해보라.

게다가 그 피가 다른 부위가 아닌 하혈이라면 얼

마나 고통스럽고 불편한 삶을 살았겠는가?

이천 년 전 당시 이 질병을 앓았던 한 여인은, '혈루병으로부터의 회복'만을 단 하나의 소원으로 꿈꾸며 살아왔다. 당시 용하다고 소문난 의사들을 통하여 진료를 받고 치료를 받았으며, 좋다는 모든 약들은 다 찾아서 복용해보았을 것이다.

하지만 진료나 약의 효능은 전혀 없었다. 오히려 그녀가 가진 재산을 치료비용으로 모두 소비하였을 뿐만 아니라 병세는 더욱 악화되었다(막 5:26). 그녀는 여전히 고통스러웠을 뿐만 아니라, 피는 부정을 상징하는 이스라엘 사회에서 사람들과 제대로 어울리지 못하는 사회적 괴리감까지 겪게 되었다.

만일 그녀가 피가 멈추지 않는 질병에 있다는 것이 노출이 된다면 사람들에게 격리 될 것이 분명했기 때문이다. 모든 것이 다 비정상적이었다. 성경은 이 여인에 대한 자세한 정보를 우리에게 전달하지 않는다. 하지만 그녀의 삶이 정상적이지 않다는 사실은 너무도 정확하게 보여주고 있다.

먼저 그녀는 질병이 낫기를 간절히 원하는 마음이 있었지만, 다른 병자들처럼 예수님 앞으로 당당히 나와 병을 고쳐 달라고 말하지 못했다. 그래서 그녀는 뒤로 물러서 예수님을 만져볼 수밖에 없었다. 또, 그녀는 지푸라기라도 잡는 심정으로 예수님을 찾아왔다.

많은 사람들이 소문으로만 듣던 예수님에 대한 궁금증과 정말 그가 능력이 있는가를 확인하고자 모여든 것과는 비교되는 마음가짐이었다. 할 수 있는 모든 것을 다 시도한 그녀에게 어떠한 병이든 고칠 수 있다는 예수님에 대한 소문은, 사막의 오아시스와 같은 유일한 소망이었다.

예수님은 가는 곳곳마다 많은 사람들의 관심에 둘러싸여 있었다. 그를 메시아로 인정하든 안 하든 상관없었다. 단지 기적을 일으키고 평범하지 않은 예수라는 청년을 구경하고 싶은 사람들이 게 중에는 상당했다.

바다 비린내가 아직 몸에 배어 있는 어부들을 시

작으로 민족의 반역자였던 세리, 열심당원 등의 어색한 조합의 사람들이 예수님의 제자라는 명목으로 따라다니고 있었으며, 예수님을 시험하고 책잡기 위한 바리새인과 서기관들도 무리 지어 주변에 있었다.

만약 여인이 사람들 앞에서 아무 거리낌이 없었다면 모인 무리가 얼마나 되든지 뚫고 앞으로 나아갔을 것이다(친구의 병을 고치기 위해 많은 사람들이 있었음에도 불구하고 지붕을 뚫고 침상을 내린 중풍병자의 이야기를 돌아보라).

하지만 그녀의 상황은 달랐다. 부정을 상징하는 피는, 그녀가 무리들 사이를 뚫고 지나가 예수님을 만날 수 없도록 만들었다. 그런 그녀에게 작지만 실낱같은 희망이 있었는데, '정말 병자를 고치는 능력이 있는 사람이라면 뒤로 가서 그의 옷자락이라도 만지면 나을 것'이라는 작은 믿음이었다.

그녀의 장애물은 많은 군중들과 자기가 처한 상태였다. 좀 더 편하고 쉽게 예수님을 만날 수 없었고, 반드시 무리를 뚫고 지나가서 예수님을 만나야 했다. 또한 당당하게 예수님에게 병 고침을 부탁할 수 없었기 때문에 조용히 가서 예수님의 옷을 만지고 티 안 나게 돌아오려 했다.

결국 그녀는 많은 사람들을 헤집고 가운데로 들어가 예수님의 옷자락을 만지는데 성공했다. 두려움으로 인해 앞으로 들어가진 못했지만, 예수님을 향한 믿음이 그녀를 낫게 했다. 12년 동안이나 고통당하던 그 여인은 자신의 믿음대로 예수님의 옷자락을 만졌고, 곧바로 자신의 병이 나았음을 직감했다. 그리고 조용히 그 자리를 빠져 나가려는 그때, 예수님께서 걸음을 멈추시고 크게 말씀 하셨다.

"누가 내 옷에 손을 대었느냐?"

이는 절대로 옷을 만진 사람이 누구인가에 대한 예수님의 궁금증이 아니었다. 많은 장애물을 뚫고 예수님의 뒤로 다가온 그녀의 믿음을 공개적으로 드러내고, 병 고침의 능력이 예수님께 온전히 있음을 선포하시기 위함이었다. 또한 예수님을 향한 그녀의 믿음이 육신의 병 고침뿐만 아니라 영혼의 구원까지 직관되어 있음을 나타내시기 위함이었다.

예수님께서 많은 사람들 앞에서 누가 옷을 만졌는가에 대한 질문을 하시자 여인은 두려워하기 시작했다. 사건의 내막을 도통 알 수 없는 제자들은 사람이 많기에 서로 밀고 밀려 예수님을 밀치게 되었다고 설명했다.

하지만 예수님은 억지로 떠밀려서 옷에 닿은 것이 아니라, 의도적으로 예수님을 만졌으며 그로 인하여 병을 고치는 능력이 예수님으로부터 밖으로 나가게 됨을 정확하게 말씀하신 것이었다. 이러한 능력은 어쩌다가 우연히 밀려서 예수님에게 닿게 되고 병 고침을 받은 것과는 차원이 다른 상황이었다.

고침 받고자 하는 마음 없이 누군가에 떠밀려 예수님께 접촉했다면 예수님은 아마도 그 병자의 상황이나 상태에 대하여 말씀하지 않으셨을 것이다.

그러나 예수님은 이 상황을 통하여 의도적으로

누군가 손을 내밀어 예수님을 만졌고 그로 인하여 병 고침의 능력이 발생했음을 말씀하셨다. 방금 전 혈루병에서 고침을 받은 이 여인은 다시 한 번 사지로 내몰렸다. 그로 인하여 일어나게 될 파장이 두려웠다.

병에서 나아야 한다는 신념 하나로 예수님의 뒤를 쫓아 옷자락을 만졌지만 일이 이렇게 커질 줄은 전혀 상상하지 못했던 것이다. 그녀는 두려웠다. 예수님은 자신이 옷자락을 만진 것을 알고 계실 줄 확신했다. 옷에 닿았다는 사실 자체만으로도 자신의 병이 나았다면, 그를 속이지 못할 것이라는 것 또한 알고 있었다.

그래서 그 여인은 두려운 마음을 이겨내고 솔직하게 고백하였다. 성경은 그 여인이 예수님 앞에 엎드리어 모든 것을 다 솔직하게 고백하였다고 말하고 있다(막 5:33).

"예수님, 사실 제가 당신의 옷자락을 만졌습니다. 저는 12년 동안 피가 마르지 않아 고생하며 살았습니다. 용하다는 의사들도 다 만나 보았고, 제가 할 수 있는 모든 것을 다 찾아 노력해보았습니다. 그러나 병세가 나아지기는커녕 살기는 더 어렵고 힘들어졌고, 제가 가진 모든 재산도 다 탕진해버렸습니다. 그러다 당신이 이 마을을 지나가신다는 소식을 들었습니다.

당신이 병든 자를 고친다는 소문은 익히 들어서 알고 있었지만, 제가 흘리는 피로 인해 사람들 사이로 들어갈 수는 없었습니다. 다들 저를 더럽다고 생각할 테니까요. 그렇다고 12년 동안이나 멈추지 않고 흘리는 이 피로 인해 계속 아파할 수도 없었습니다. 그래서 당신의 뒤로 가서 옷이라도 만지고자 다가갔습니다.

옷에 손이 닿는 순간 저는 병이 나았음을 직감할 수 있었습니다. 놀라기도 했고 고맙고 감사한 마음도 있었지만 저는 두려운 마음도 있어서 조용히 돌아가려했습니다."

그러나 결과는 예상 밖이었다. 엄청난 꾸중 혹은

부정함으로 인해 사람들의 반발을 예상했던 그녀의 생각과 달리, 예수님은 그녀가 믿음으로 구원받았다는 말씀과 함께 평안히 그녀를 돌려 보내주셨다.

> 예수께서 이르시되 딸아 네 믿음이 너를 구원하였으니 평안히 가라 네 병에서 놓여 건강할 지어다(막 5:34).

그렇게 믿음으로 자신의 질병을 고침받은 그녀는 다시 성경에 등장하지 않는다. 12년간이나 혈루증을 앓았던 이 여인은 자신의 질병을 고치기 위해 엄청난 용기를 내어 장애물을 돌파하였다. 자신의 상태로 인하여 많은 사람들 앞에 설 수 없었던 그녀는, 병 고침이라는 단 하나의 목표를 향하여 온 힘을 다하여 집중하였다.

그녀의 믿음은 가히 주님께 칭찬받아 마땅한 믿음이었다. 많은 사람들을 피하여 어둡게 살아온 그녀의 지난 12년의 삶이, 예수님으로 인하여 회복되었다. 오히려 많은 사람들 앞에서 그녀가 병에서 온전히 놓이게 되었음을 참 의사이신 예수님을 통하여 당당하게 인정받는 사건이 되었다.

이제 그 이후로 누구도 그녀를 향하여 손가락질하며 부정하다고 말할 수 없게 되었다. 예수님이라면 자신을 고쳐줄 거라는 그녀의 작은 믿음을, 주님께서는 귀하게 보시고 많은 사람들 앞에서 크게 드러내셨다.

이 세상에도, 그 여인이 지난 12년간 노력했던 것처럼 우리의 노력으로 해결할 수 없는 일들이 가득하다. 우리는 알고 있다. 지난 시간 동안 우리의 노력으로 원하는 것들을 이루며 살아간 날들보다 원하는 것들을 할 수 없었던 우리의 제한된 능력을, 앞으로도 마찬가지이다. 그럴 때일 수록 우리는 더욱 주님을 찾아야 한다.

육체의 질병뿐만 아니라 우리의 영혼을 책임지시는 하나님께 온전히 나아가는 믿음이 필요하다. 뒤로 살며시 다가가도 좋다. 주님은 당신께 소망을 두는 자를 기다리고 계시며, 그로 인하여 기뻐하신다. 조금 더뎌도 괜찮다.

그러나 중요한 것은 주님을 향한 바른 믿음을 가지고 온전하게 나아가는 그 믿음과 자세이다. 이익의 수단으로써 주님을 이용하는 마음이 아니라, 주님이 아니면 안 된다는 의지와 신뢰를 원하시는 것이다. 주님께로 나아가지 못하게 가로막는 우리의 알량한 자존심을 내려놓아야 한다.

수많은 사람들이 가로막아도, 나의 형편없는 상태가 문제가 되어도 상관없다. 혈루병으로 12년을 앓았던 여인은, 예수님을 만나는 순간 그의 인생이 변화되었다. 삶이 변화되었다.

지금 당신도 예수님이 너무 필요하다. 이것을 인정하는 자가 겸손한 마음을 가진 자이고, 예수님을 만날 준비가 되어 있는 자이다.

믿음은 현실을 뛰어 넘는다. 우리의 믿음은 개념이나 이론이 아니라 현실을 이겨나가는 실제이기 때문이다. 이 믿음은 하나님께서 우리에게 주시는 선물이다. 하나님을 온전히 바라볼 때, 현실의 문제는 얼마든지 뛰어 넘을 수 있다. 만약 그 여인이 예수님이 아닌 모인 무리에 집중했다면 세상 누구도 그 여인을 기억할 수 없었을 것이다.

그러나 이천 년이 지난 오늘날에도 그 여인의 믿음을 칭찬하고 본받길 원하는 마음으로 회자되는 것을 보면, 주님이 칭찬 하신 그 여인의 믿음은 분명 귀한 것이었다.

✲✲ 내용 생각해보기

1. 혈루증 걸린 여인이 예수님께 나아가기 망설였던 이유는 무엇인가?

2. 제자들이 예수님께 건 낸 말은 무엇이고, 그 이유는 무엇인가?

3. 예수님께서 발걸음을 멈추시고 자신을 만진 사람을 찾으셨던 이유는 무엇인가?

나를 돌아보기

1. 예수님께 나아가지 못하도록 가로막는 나의 장애물은 무엇인가?

2. 예수님을 만난다면 나의 무엇을 해결 받고 싶은가?

3. 모든 것을 다 알고 계시는 예수님 앞에 지난 나의 모든 삶을 온전히 고백해보자.

You, God's Man

너,
하나님의
사람아

제6장

정결의 사람 요셉

이 집에는 나보다 큰 이가 없으며 주인이 아무것도 내게 금하지 아니하였어도 금한 것은 당신뿐이니 당신은 그의 아내임이라 그런즉 내가 어찌 이 큰 악을 행하여 하나님께 죄를 지으리이까 여인이 날마다 요셉에게 청하였으나 요셉이 듣지 아니하여 동침하지 아니할 뿐더러 함께 있지도 아니하니라(창 39:9-10).

"순결이 뭐가 중요해?"
세상 사람들은 말한다. 순결과 정결을 지키며 답

답하게 사느니, 어차피 한 번 사는 인생 즐겁고 재미나게 후회 없이 살다 가고 싶다고. 오히려 순결과 정결을 지키기 위해 애쓰는 사람들을 바라보며 불쌍한 취급을 한다. 사람들은 순결함과 정결함의 필요성을 잘 모른다. 아니, 정결해야 할 이유 자체를 생각하지 않는다.

순결함과 정결함을 가지기 위해서는 자기 자신과의 피 흘리는 싸움이 필요하다. 그 싸움은 매 순간순간마다 갈등과 고민이 턱밑까지 차오르는 어려움을 겪게 된다. 이 싸움에서 뒷걸음질 치며 양보하게 될 때 결국 넘어지고 만다. 그래서 정결함을 지키기 위한 자기와의 싸움은 시간이 지날수록 더욱 날카로워지고 예리해져야 한다.

비단 성(性)에 관한 이야기만이 아니다. 우리의 신앙도 이와 마찬가지이다. 황금만능주의가 팽배한 세상을 살아가는 성도들에게 신앙의 순결함과 정결함보다는, 그저 남들만큼 잘먹고 잘사는 평범한 삶을 사는 것이 더 중요하게 되었다.

그러나 신앙의 순결은 우리 육체적인 순결이나, 삶에서의 순결보다 훨씬 더 고차원적이다. 누구든지 지나가는 여인을 보고 음흉한 마음을 품는 그 자체가 간음이라고 예수님께서는 말씀하셨다. 내가 실제로 행동하여 간음하지 않았더라도, '마음의 생각' 그 자체만으로도 충분히 간음을 범할 수 있다는 말이다.

좀 더 확장하여 우리의 신앙생활에 적용을 한다면, 하나님보다 더 사랑하는 것들과 그 이외의 것들에 마음에 가지는 그 자체만으로도 영적 간음을 범할 수 있다는 것이다. 이것은 우상숭배이다. 우상숭배는 단순히 하나님이 아닌 다른 대상을 섬겼다는 것에 그치지 않고, 하나님만을 사랑해야 하는 우리의 신앙의 순결함을 잃게 되는 것이기 때문에 큰 문제가 되는 것이다.

영적 간음은 예수 그리스도를 신랑 삼아 살아가야 하는 성도의 삶에 치명적 오점이 된다. 그런 의미에서 우리 모두는 하나님이 아닌 우상에 너무 쉽게 노출이 되어 있고, 이로 인하여 신랑 되신 예수 그리스도에 대한 순결함이 많이 깨어져 있다.

그런데 한 가지 놀라운 사실은 세상에서의 순결함은 한 번 잃게 되면 다시 회복할 수 없는 상태로써 여겨지지만, 하나님 안에서의 순결은 하나님으로 인하여 다시 회복이 가능하다는 것이다. 실제로 우리가 깨뜨린 순결 자체의 회복이라기보다, 하나님 앞에 다시 한 번 깨끗하여 지기를 원하는 정결한 마음의 회복을 말하는 것이다.

이러한 가난한 심령의 마음을 가지게 될 때, 하나님께서 그 마음의 중심을 보시고 마치 그러한 일이 없는 것처럼 여겨주신다. 우리의 순결은 우리의 노력이 아닌, 철저한 하나님 아버지의 자비와 인자하심으로 회복이 될 수 있다.

이것이 얼마나 복된 소식인가?

정결이 무너져 버린 신부에게 얼마나 큰 위로가 되는 말인가?

세상의 그 어느 남편이 자신이 사랑하는 하나뿐

인 아내가 바람이 날 때 기뻐하겠는가?

그리고 그가 다시 돌아온다 한들 그가 저지른 잘못에 대하여 아무렇지도 않게 여길 수 있겠는가?

사랑하는 마음이 클수록 더욱 큰 상처를 받는다. 겉으로는 괜찮다 여기고 다른 사람과 관계를 가졌다 하더라도 사랑하기 때문에 덮어주려 노력한다. 참으로 눈물 나는 사랑의 모습이 아닐 수 없다. 그러나 그 깊은 마음속에는 나를 버리고 떠나 다른 곳에서 정결함을 잃어 버렸다는 그 사실이 괴롭게 만든다. 용서가 깊어지는 만큼 아픔도 더불어 커진다.

그런데 하나님은 평생에 단 한 번이 아닌, 하루에도 수차례나 하나님을 떠나 사는 우리를 불쌍히 여겨주시고 사랑으로 품어 주신다. 알면서도 속아주시고 때로는 화가 나도 참아 주신다. 성경 속에도 하나님의 그런 마음을 고스란히 보여주는 이야기가 있다.

우리가 잘 아는 호세아 선지자의 이야기이다. 음란한 여인이었던 고멜을 아내로 맞이해야 했던 호세아 선지자는, 몇 번이나 자신을 버리고 집을 나가 음란을 반복했던 그녀를 바라보며 하나님의 마음을 느껴야만 했다. 이는 호세아 선지자의 선택이 아니었다. 그의 원함과 간구는 더더욱 아니었다.

그러나 하나님께서는 호세아 선지자를 통해 하나님의 마음을 알려주셔야만 했다. 호세아 선지자를 통하여 그 시대를 살아갔던 이스라엘과 성경을 통하여 그 상황을 접하게 될 우리를 위하여 하나의 예로 그를 택하신 것이다. 그렇게 해서라도 우리는 하나님의 마음을 배워야 했다.

우리가 하나님 앞에서 얼마나 음란하고 더러운 죄인이었는지. 우리는 감사하게도 호세아 선지자의 희생으로 인하여 그 가슴이 찢어지는 경험을 해보지 않고도 배울 수 있는 귀한 가르침을 얻었다. 우리는 그러한 존재들이다. 다윗의 고백처럼 우리는 죄악 중에 출생한 죄인이기 때문에, 모태에서부터 죄인이었기 때문에, 우리가 하는 일들에 모두 죄성이 묻어날 수밖에 없다.

> 내가 죄악 중에서 출생하였음이여 어머
> 니가 죄 중에서 나를 잉태하였나이다
> (시 51:5).

나는 개인적으로 요셉이 참으로 훌륭한 사람이라고 생각한다. 물론 요셉이 후대에 훌륭한 사람으로, 그리고 믿음의 사람으로 인정받기까지는 전적인 하나님의 은혜가 있었음을 부정할 수 없다. 그가 뛰어났기에 종의 신분에서 총리가 된 것이 아니었으며, 꿈을 해몽하는 개인적인 능력이 있었기 때문에 그가 널리 알려진 것도 아니었다.

그의 모든 능력과 지혜는 하나님께로부터 온 것이었고, 요셉은 그것이 하나님께로부터 왔음을 온전하게 인지하고 있었다.

많은 사람들은 요셉이 행복하고 부유한 어린 시절을 보냈다고 생각한다. 아버지 야곱의 특별한 사랑을 받으며 누릴 수 있는 모든 것을 누리는 그러한 행복한 시절을 보냈다고 말이다.

그러나 요셉이 살았던 실제 환경을 들여다보면 우리가 생각하는 행복과는 다른 삶들이 엿보인다. 그의 어머니 라헬은 동생 베냐민을 낳다가 산고로 죽었으며, 그의 형들은 특별한 사랑을 받는 요셉을 시기하고 질투하였기 때문이다.

요셉은 오직 아버지와 함께 하는 시간만 특별한 대우를 받았을 뿐, 형들에게는 절대적 미움의 대상이었다. 그가 애굽 땅에 종으로 팔려가기 전이 열일곱 살임을 감안해 볼 때, 성경에 기록되어 있는 요셉의 미성숙함은 충분히 이해할 만하다.

오직 아버지만을 붙잡고 형들의 모든 실수와 잘못을 고자질 하였다. 아버지는 그의 유일한 친구이자 대화 상대요, 보호막이자 피난처였다. 형들은 이런 요셉이 불편하기만 했고 그로 인하여 요셉과 더 거리를 둘 수밖에 없었다. 야곱은 사랑하는 아들 요셉에게 채색 옷을 입혀 놓고 그로 인하여 즐거워하였으니, 요셉을 향한 분노가 극에 달한 형들의 미움은 지극히 당연한 것이었다.

요셉은 특별한 능력을 가진 소년이었다. 하나님께서는 그에게 꿈을 꾸고 해몽하는 능력을 주셨는데, 하루는 자신이 꾼 꿈을 아버지와 형들에게 이야기 하여 건방진 동생으로 여김을 받게 된다. 당연한 일이다. 그를 미워하는 형들에게 가서 "형들의 곡식 단이 내 곡식 단에 와서 절을 했어"(창 37:8)라고 표현하는 그 자체가 형들을 더 약 오르게 하고 열 받게 하는 일이었기 때문이었다.

창세기에는 이 꿈을 말하고 나서 형들은 요셉을 더욱 미워했다고 말한다. 그런데 요셉은 또 다시 꿈을 꾸었고 전과 같이 아버지와 형들에게 또 다시 자신의 꿈 이야기를 아무렇지 않게 나누었다. 꿈 이야기로 형들이 자신을 미워했음에도 불구하고 태연히 형들과 아버지에게 다시 꿈에 대한 이야기를 나눌 수 있는 요셉의 모습을 볼 때, 열일곱 살의 청소년 요셉은 우리의 기대와는 다른 미완의 요셉이었음이 확실하다.

예상대로 형들은 그의 말을 무시하였고, 이전보다 더욱 그를 시기하고 분노에 가득 차게 되었다. 이때까지만 해도 아버지 야곱과 그의 형들, 그리고 요셉 자신도 꿈의 의미에 대해서 알 수 없었다. 다만 아버지 야곱은 그의 비상한 꿈들을 가슴에 간직했을 뿐, 어느 조치도 취하지 않았다.

요셉을 향한 형들의 미움의 끝은 살인미수로 이어졌다. 그를 죽이고 싶을 만큼 미워했던 형들의 분노는 실제 행동으로 드러나기 시작했다. 형들은 애굽을 향해 길을 떠나는 미디안 상인들의 손에 요셉을 팔아 넘겼고, 열일곱의 꽃다운 한 소년은 그 형들의 손에 의해 타국에 팔려 노예로 살아가게 된다.

나는 요셉이 성숙해지고 온전하여져 가는 과정이 바로 여기에 있다고 생각한다. 이야기로만 듣던 하나님, 머릿속에 있는 하나님이 이제 실제로 그의 삶에서 역사하는 시간이 되었을 것이다. 태어나서 단 한 번도 생각해보지 못했던 이 시련은,

지식 가운데 머물러 계신 하나님을 끄집어내기에 충분했다.

하나님께서 당신의 사람을 어떻게 빚어 가시는가를 잘 보아야 한다. 우리가 생각하는 평안과 안녕의 길로만이 아니라, 고난과 시련을 통하여 하나님을 찾게 하시고 인격적 교제를 하게 하시는 하나님의 인도하심을 눈여겨 보라.

이를 볼 때 이 땅에서의 고난은 육신의 불편함을 주지만, 깊이 있게 하나님을 향하여 달려 갈 수 있는 좋은 길이 된다. 평안하고 안정적인 삶 가운데서 요셉이 느낄 수 있는 하나님은 복과 기쁨만을 주시는 하나님이었을 것이다. 그랬기 때문에 그의 어린 시절은 거칠 것이 없었고, 형들에게 미움을 사더라도 전혀 문제 될 것이 없었다. 아버지에게 받는 사랑으로 형들의 시기와 질투쯤은 가볍게 넘길 수 있었다.

그러나 한 번도 가보지 못했던 이억만리 타국 땅에 종으로 팔려가는 그의 마음은 어떠했을까?

이복형제이긴 하지만 한 집에 살며 함께 먹고 자던 형들에게 살기를 느끼며 구덩이 속에 빠졌던 그의 마음은 어떠했을까?

하나님을 향한 요셉의 정결함은 그 시간부터 천천히 빚어져 가고 있었다. 형들을 고자질 하며 건방진 모습을 가졌던 요셉의 모습은 이제 더 이상 성경에 등장하지 않는다. 애굽의 군대 장관이었던 보디발 장군에게 팔려가 그 집의 종으로 살아갔던 요셉은 오히려 성실함과 정직함, 그리고 하나님에 대한 신실함으로 무장되어 있었던 한 사람으로 표현되어 있다.

그렇게 된 비결은 간단했다. 바로 하나님께서 그와 함께 하셨기 때문이었다. 그래서 성경은 요셉을 형통한 자로 표현한다.

> 여호와께서 요셉과 함께 하시므로 그가 형통한 자가 되어 그의 주인 애굽 사람의 집에 있으니 그의 주인이 여호와께

서 그와 함께 하심을 보며 또 여호와께서
그의 범사에 형통하게 하심을 보았더라
(창 39:2-3).

　아쉽게도 성경은 형통에 대한 정의를 우리의 기대와는 다르게 내리고 있다. 우리의 형통은 '내가 바라는 모든 것을 이루는 것'으로 표현 할 수 있다. 내가 원하는 대로 반드시 돼야지만 우리는 '형통하다'라고 말한다. 혹은 사회적으로나 세상적으로 인정받고 부유해지면 우리는 '형통하다'고 말한다.

　그런데 성경은 요셉의 형통함을 다른 시각으로 보고있다. 그의 형통함은 바로 하나님과 함께 함이었다. 요셉의 형통함을 표현한 이후에는 그의 승승장구하는 모습들이 기록되어 있다. 가나안 땅에 있었어도, 애굽 땅에 종살이를 하고 있었어도 그는 형통한자였다.

　아버지의 아들로 기쁨 가운데 있을 때나 억울한 누명을 뒤집어쓰고 감옥에 있을 때나 그는 형통한 자였다. 그 이유는 하나님께서 함께 해주시는 삶을 살았기 때문이다. 우리는 여기서 점검해보아야 할 것이 하나 있다.

'나는 과연 형통한 삶을 살고 있는가?

그렇다면 그 형통함은 어느 기준에서의 형통함인가?

하나님께서 함께 하시는 형통한 삶인가?'

요셉은 하나님께서 함께 해주시는 은혜를 누렸으므로 결국 그에게 맡겨진 일상의 과업들도 잘 마무리할 수 있었다. 단순한 능률만을 말하는 것이 아니었다. 보디발 장군이 요셉을 바라볼 때, 하나님의 함께 하심을 보았기에 요셉의 삶은 형통한 것이었다.

'삶을 통하여 하나님을 나타낼 수 있는 일. 이것이 얼마나 어려운 일인가?'

우리들이 교회에서 너무도 쉽게 하는 말이 있다. '삶으로 예수를 증거하자'

도대체 어떻게 살아야 예수님을 증거하고 하나

님을 드러낼 수 있는 것일까?

하나님을 믿는다 말하면서도 자신의 만족을 위하여 세상 가운데 치열하게 싸우는 우리가 과연 삶으로 하나님을 드러낼 수 있는 것인가?

성공과 출세를 위해서라면, 믿지 않는 사람들보다 더 악한 모습을 가진 우리가 과연 그리스도의 편지요, 그리스도의 향기가 될 수 있을까?

오히려 우리들 때문에 그리스도의 향기와 편지가 오염되어 퍼져가는 것은 아닌지 심히 걱정된다. 이러한 의미를 담고 바라볼 때, 요셉이야 말로 진정한 그리스도의 편지와 향기의 역할을 잘 감당한 사람이라고 볼 수 있다. 그를 통하여 보디발로 하여금 실제로 역사하시는 하나님을 보게 하였으니 말이다.

또한 요셉을 통하여 보디발의 집과 모든 소유물에 하나님께서 크신 복을 내리셨으니 축복의 통로가 되었음도 분명하다. 많은 사람들이 복을 받기 위하여 스스로 몸부림친다. 교회 봉사의 이유도, 헌신의 이유도, 헌금과 섬김의 이유도, 심지어 예배의 이유도 모두 나에게 주어질 '복'에 초점이 맞춰진 사람들이 많다.

그런데 조금만 더 생각해보면 내게 부어질 복보다 더 큰 복은, 요셉이 누린 '복의 통로'가 되는 것이다.

가는 곳곳마다 우리로 인하여 하나님께서 복을 주시고, 하는 일마다 순조롭게 인도하시는 하나님의 은혜가 부어진다.

이보다 더 감사할 일이 어디 있겠는가?

그러므로 우리는 복 받기보다 복의 통로가 되어 이웃을 유익하게 하고 부요 하게 하는 사람이 되길 기도해야 한다. 그럴 때 우리도 하나님이 주시는 복 가운데 거하게 된다.

상황이 반전되었다. 밑바닥 인생이었던 요셉은 이제 꽤나 잘 나가는 종으로 신분이 상승이 되었다. 성경은 그를 용모가 빼어나고 아름다운자로 기록하고 있다. 한 마디로 얼굴도 잘생긴 청년이 일까지 잘하는 능력자의 모습을 갖춘 것이다. 다만 문제될 것은 그의 신분이었다. 보디발 장군의 집에서 일을 하면서 꽤나 많은 일을 배우고, 배운 일들에 대해서 능수능란하게 일을 하는 그에게는 오직 종이라는 신분만이 장애물이었다.

그렇게 승승장구하던 요셉에게 다시 한 번 시련이 찾아왔다. 우리의 생각으로 볼 때, 절대로 이해할 수 없는 사건이다. 하나님 앞에 신실했고, 주인에게 성실했으며, 모든 것이 안정적이었던 그에게 절대로 일어나서는 안 되는 일이 일어났기 때문이다.

어느 날, 보디발 장군의 아내가 요셉과 단둘이 있는 시간이 있었다. 성실한 청년인데다 외모까지 빼어나니 권력자의 부인으로서는 탐이 날만 했다.

게다가 그는 종이 아닌가?

마음껏 부리고 즐겨도 상관없다는 생각이 보디발 장군의 아내의 마음속에 가득했을 것이다. 어쩌면 그녀는 오래 전부터 요셉을 지켜보았을 것이다. 열심히 일하는 그의 모습에 반했을지도 모른다. 그래서 요셉을 유혹하기 시작하였다. 함께 동침하기를 원했던 것이다. 가장 혈기 왕성한 청년의 심지에 불을 붙였다. 많은 사람들이 고백한다.

"내가 요셉이었다면 거절하지 못했을 거야."

이런 고백을 하는 남자들을 무조건 죄인으로 몰아가면 안 된다. 그들은 단지 남성이 가지고 있는 성적 유혹의 약함에 대해서 표현하려는 것이다. 그만큼이나 요셉에게는 거절하기 어려운 유혹이었다.

종의 입장으로서 주인과 같이 여겨지는 주인의 아내의 제안을 과감하게 거절해야 하는 것인가?

아니면 타오르는 정욕을 건드린 저 여자를 눈 한 번 딱 감고 범할 것인가?

하지만 요셉은 자기 인생의 참 주인이 누구인지 정확히 알고 있었다. 요셉은 보디발 장군의 아내에게 주인이 모든 것은 허락하였으나 당신만은 금했다는 사실을 명시하였다. 자기 인생의 참 주인이 누구인지 정확하게 말했다. 요셉이 보디발 장군의 아내를 범한다는 사실은 단순한 불륜으로 그 남편인 보디발 장군에게 죄를 짓는 것에 그치지 않고, 자기 인생의 참 주인이신 하나님 앞에 범죄함이라고 당당하게 고백한다(창 39:9).

> 이 집에는 나보다 큰 이가 없으며 주인이 아무것도 내게 금하지 아니하였어도 금한 것은 당신뿐이니 당신은 그의 아내임이라 그런즉 내가 어찌 이 큰 악을 행하여 하나님께 죄를 지으리이까 여인이 날마다 요셉에게 청하였으나 요셉이 듣지 아니하여 동침하지 아니할 뿐더러 함께 있지도 아니 하니라(창 39:9-10).

이것이 바로 우리가 칭찬하고 배워야 할, 요셉의 정결함이고 순결함이다. 너무도 달콤했던 성적인 유혹에서 절대 흔들리지 않고 이겨낼 수 있었던 비결 한 가지는, 자신의 선악 간의 행위가 하나님 앞에 온전히 드러난다는 사실을 인지하고 있었던 그의 중심이었다.

그는 분명하게 하나님을 의식하고 살았다. 자신의 삶이 온전하게 하나님 앞에 드러나 있는 것을 확실하게 믿었다. 눈에 보이지는 않지만 보디발 장군의 아내가 자신을 유혹하는 그 순간에도 하나님은 그 자리에 계시다고 믿었다. 그래서 요셉은 어찌 하나님께 죄를 지을 수 있겠느냐며 그 유혹을 거절하였다.

그러나 보디발 장군의 아내가 이 뜻을 알아들을 리가 없었다. 하나님에 대한 믿음이 어느 정도 있는 사람이라면 요셉의 말에 정신이 번뜩 들어 깨달았을 것이다.

그러나 보디발 장군의 아내는 영적으로 무감각한 자였다. 자신의 부끄러움을 뉘우치기는커녕 매일같이 요셉에게 동침을 요구했다. 이 상황이 마치 세상 가운데 살아가는 우리의 모습과 너무나도 흡사하다. 세상은 하나님을 알지 못한다.

그러므로 하나님의 말씀대로 살려 발버둥치는 우리를 꾸준히 유혹한다.

세상은 우리를 넘어뜨리고 망가트리기 위해 혈안이 되어 있다. 처음에는 신앙을 지키다가 마지못해 막판에 죄악으로 넘어가는 우리의 그 연약함을 세상은 즐기고 있다.

그러나 요셉은 요동하지 않았다. 요셉은 하나님을 향한 분명하고도 확실한 믿음으로 그녀의 유혹을 과감하게 뿌리쳤다. 이러한 일들이 계속해서 반복되자 요셉은 더욱 담대한 결단을 한다. 단순한 거절뿐만 아니라 그 자리를 피하기 시작했다.

우리를 유혹하는 죄에 대한 바른 자세는, 바로 요셉과 같이 틈을 주지 않는 것이다. 정말로 순결함과 정결함을 유지하기를 원한다면 우리는 죄의 시작이 되는 그 자리조차도 사모하지 말아야한다. 술자리에 참석은 해도 술만 마시지 않으면 된다는 자기 합리화에 사로잡힌 우리의 태도는, 언제든 마음만 먹으면 우리를 넘어뜨릴 수 있는 죄에게 문을 열어 주는 것과도 같다.

요셉은 진실로 하나님 앞에 깨끗하기를 원했다. 그래서 자신의 정욕보다도 하나님을 먼저 생각했다.

그러던 어느 날, 업무상 요셉이 다시 보디발 장군의 아내를 단둘이 만날 수밖에 없는 상황에 마주치게 되었다. 여전히 요셉을 탐내던 보디발 장군의 아내는 이제 더욱 과감히 요셉에게 접근하였다.

그의 옷을 잡아끌며 동침을 요구하자 요셉은 그 자리를 박차고 나갔다. 하나님을 열심히 믿고 성실하게 주어진 일에 최선을 다했던 요셉에게 결과적으로 주어진 일은 억울한 누명이었다. 그는 누구보다도 정직하고 성실하게 하나님 앞에 섰음에도 불구하고, 악한 그 여인으로 인하여 누명을 쓰게 되었다.

성경은 그 이후에 요셉의 변명에 대해서 자세히 기록하지 않고 있다. 만약 우리가 요셉의 상황이었다면, 그 누명을 벗기 위해 온갖 짓을 다 했을 것이다. 오히려 사실보다 더 과장해서 보디발 장군의 아내를 더 모함하거나, 나의 정직함을 드러내기 위해 그녀를 더 악하게 만들었을지도 모른다.

그러나 성경은 요셉의 변명에 대해서는 침묵한다. 여기까지 성경을 읽다 보면, 요셉은 우리가 원하는 삶의 모델이 아닌 것이 확실하다. 성실했고 정직했으며, 심지어 하나님 앞에 누구보다도 신실했던 그의 삶인데, 누명으로 인한 옥살이는 성도인 우리 모두가 원하는 모습이 아니기 때문이다.

그러나 요셉의 억울한 옥살이는 요셉을 향한 하나님의 더 크신 계획의 과정에 불과했다. 우리는 옥살이 했던 시간을 결과로 여기지만, 하나님께서는 그 시간을 과정으로 여기신다. 우리의 인내하지 못함이 하나님의 과정을 받아들이지 못하는 이유이다.

하나님께서는 요셉의 순결함으로 인하여 감옥살이를 하게 하셨다.

'헌신과 충성에 대한 대가가 감옥살이라니 우리가 믿는 그 하나님이 정말 살아계시긴 한 걸까?'

이렇게 생각할지도 모르겠다.

그러나 하나님은 그의 순결함과 정결함을 귀하게 여기셨고, 그의 감옥살이를 통하여 애굽의 총리직을 준비하게 하셨다. 세상 가운데서 하나님을 향한 순결함을 유지하기 위해서는 우리가 손해보고 희생해야 할 것들이 너무도 많다.

그러나 하나님을 향한 신앙의 순결함은 하나님께서 반드시 기억하신다. 이 땅 가운데서 우리의 희생에 걸맞은 축복을 받지 못할 수도 있다. 그러나 우리가 하나님 앞에 순결 하려 애써 땀 흘리는 이유는, 단순히 이 땅에서의 축복 때문만은 아니다.

우리는 살아계신 하나님의 존재 그 자체에 만족함을 누리는 자들이다. 그러기에 위대하신 그분 앞에 우리의 삶을 온전히 드리려 노력하는 것이다. 상급이 우리 삶의 목적이 아니다. 우리 삶의 유일한 이유와 목적은 '하나님'이다.

깨끗하고 정결한 삶. 그리고 깨끗하고 정결한 신앙. 이미 다른 우상들로 더럽혀진 우리의 삶과 신앙을 이제 정리하고 돌아서야 할 때이다. 언제나 우리의 삶 가운데 하나님께서 지켜보신다는 코람데오(Coramdeo) 사상을 가지고, 죄와 싸우되 피 흘리기까지 맞서 싸우는 우리의 태도가 필요하다.

하나님의 은혜를 구하라. 그리하면 우리가 악하고 음란한 세대 가운데서 정결함을 유지할 수 있는 유일한 원동력을 얻게 된다. 요셉의 위대함보다 그에게 자비와 은혜를 베푸사 온전한 믿음 가운데 거하게 하셨던 하나님을 바라보라. 그의 은혜로 날마다 정결하여지기를 간구하여야 한다.

우리의 힘은 하나님께로부터 난다. 우리의 능력도 하나님께로부터 얻게 된다. 요셉의 정결함을 허락하신 그 하나님이 우리의 하나님 되어 주심이 우리의 큰 위로가 된다.

내용 생각해보기

1. 요셉을 유혹하는 것은 무엇이었나?

2. 유혹 가운데서 요셉이 취한 행동은 무엇이었나?

3. 요셉이 형통할 수 있었던 이유는 무엇인가?

✳✳ 나를 돌아보기

1. 나의 삶 가운데 가장 견디기 힘들고 어려웠던 시련은 무엇인가?

2. 내가 쉽게 유혹 당하는 것은 무엇인가?

3. 유혹 가운데서도 하나님을 붙잡겠다는 다짐을 적어보자.

You, God's Man

너,
하나님의
사람아

제7장

배짱의 사람 다니엘

> 다니엘이 이 조서에 왕의 도장이 찍힌 것을 알고도 자기 집에 돌아가서는 윗방에 올라가 예루살렘으로 향한 창문을 열고 전에 하던 대로 하루 세 번씩 무릎을 꿇고 기도하며 그의 하나님께 감사하였더라 (단 6:10).

가치관이 바로 잡혀 있는 사람들을 보게 되면 그를 곤란하게 만드는 선택 앞에서도 절대 흔들림이 없는 것을 발견할 수 있다. 자신에게 손해와 희생이 뒤따른다 해도 전혀 머뭇거림이 없다. 이러한 선택과 결단은 마음속 깊은 곳에서부터 나오는 가치관에 따른 자신감이다.

만약 순간 순간마다 상황 상황마다 단순한 이익만을 쫓아 선택이 달라진다면, 그 사람의 가치관이 아직은 형성되지 않았다고 볼 수 있다. 절대 가치는 상황에 따라 달라지지 않기 때문이다.

그래서 우리 삶의 가치관을 바르게 세우는 일은 매우 중요하다. 이 땅에 살면서 단순한 이익을 얻는 것이 우리의 본질적인 가치관은 아니기 때문이다. 설령 그렇다면 그보다 비참한 인생이 있을까 싶다. 삶은 저마다의 기준점이 필요하다.

기준점이 없는 삶은 기둥이 없는 건물과 같기 때문이다. 옷깃을 스치는 작은 빗방울 정도는 얼마든지 피할 수 있지만, 태풍이 불고 홍수가 날 때는 여지없이 무너질 수밖에 없다. 그것이 우리의 인생이다. 그럼에도 불구하고 많은 사람들이 기둥을 세워 가지 않는 이유는 태풍과 홍수가 피해가 큼에도 자주 오지 않기 때문이다.

지혜로운 사람들은 삶에서 가끔씩 찾아오는 큰 환난을 대비하고 준비한다. 하지만 그렇지 못한 사람들은 하루살이처럼 삶을 하루하루에 내어주며 살아간다. 다니엘은 남 유다가 멸망해 가는 시기에 바벨론의 포로로 끌려갔다.

인생의 중요한 가치관을 형성해야 하는 그 시기를 타국에서 억지로 보내게 되었으니 얼마나 상처와 아픔이 있었을까?

아마도 그의 마음속에는 말로 표현할 수 없는 응어리와 쓴 뿌리들이 있었을 것이다. 우리의 관점으로 본다면 다니엘은 참으로 불행한 사람이 아닐 수 없다. 나라를 잃은 그에게서 어떠한 소망도 발견할 수 없으며, 목숨만이라도 부지한다면 그나마 다행이라는 비관적인 시선으로 그를 바라본다.

그러나 그를 인도하시는 하나님의 세밀한 인도하심은 우리의 상식과 기준을 뛰어 넘으신다. 다니엘과 세 친구는 바벨론에서 포로로 생활하는 가운데서 하나님의 보호하심 속에 안전하게 지낼 수 있었다. 또한 하나님은 다니엘을 통하여 특별한 인도하심을 나타내셨다.

우리가 주목하여 보아야 할 가장 중요한 것은 다니엘이라는 한 사람의 드라마틱한 인생보다, 그 인생을 통하여 나타내실 하나님의 영광과 능력을 기억해야 한다. 우리 각기 모두가 인생의 모든 초점을 우리 자신에게 맞출 때, 살아계신 하나님의 뜻을 발견하지 못할 때가 많다.

심지어 하나님을 위해 존재해야 하는 우리가 우리를 위한 삶의 도구로써 하나님을 이용하게 되는 우를 범하게 되기도 한다. 하나님께서는 상황과 환경에 지배당하지 않는 다니엘의 믿음을 가장 귀한 도구로 사용하셨다. 결국 하나님께서 하고자 하시는 일을 그를 통하여 과감하게 단행하셨다.

다니엘은 포로생활부터 시작하여 한 제국의 총리가 되는 인물로 성장하게 된다. 특별히 다니엘 6장은 우리에게 너무나도 잘 알려진 '다니엘의 사자 굴' 이야기이다. 메대 사람 다리오가 왕으로 있을 때도 다니엘은 총리로 나라를 다스리게 된다. 실제로 다니엘이 살았던 당시, 주변국의 정세는 매우 어지러웠다.

그러나 분명한 것은 혼란스러운 세계정세 속에서도 그의 신앙은 여전히 굳건했다는 사실이다. 이스라엘에 있었을 때나, 바벨론의 포로로 잡혀왔을 때나, 지금 다리오 왕의 통치 아래 있을 때나 다니엘에게 가장 중요한 것은, 세계정세가 아니라 하나님이었다.

어찌하면 하나님을 더욱 온전하게 섬길 수 있을 것인가를 중요하게 생각하며 살았다. 그의 시선은 언제나 하나님께 고정되어 있었다. 다니엘의 삶에서 하나님이 없으면 그의 인생이 설명이 되지 않을 만큼이나 그는 하나님께만 집중하는 삶을 살았다.

하나님 앞에서 살아간다는 코람데오의 중심을 가진 다니엘에게는 단 하루도 거저 흘려보낼 수 없었다. 하루라는 선물을 주신 하나님께 감사하여 기도할 수밖에 없었고, 그를 높일 수밖에 없었다. 그렇기 때문에 다니엘은 매사에 부지런하였을 것이고, 성실하였을 것이며, 정직했을 것이다.

바벨론 시절부터 나라를 다스리는 일을 했던 그는 나라가 바뀌었음에도 불구하고 여전히 신임을 얻어 총리직을 수행하게 된다. 세 명의 뛰어난 총리를 두어 전국에 배치한 고관들을 다스리며 나라를 다스리게 했던 다리오 왕은 그 가운데서도 다니엘을 수석 총리로 임명하여 나라의 2인자로 인정을 한다.

그러나 다니엘에게는 나라의 정치나 자신의 명예보다는 하나님을 섬기는 삶이 더욱 중요했다.

언제부터였을까?

성경은 다니엘이 성전이 있었던 예루살렘 쪽을 향하여 창문을 열어 무릎을 꿇고 기도하는 장면을 담고 있다. 이는 하루아침에 만들어진 열매가 아니다. 이전부터 그는 하나님의 임재를 상징하는 성전을 사모했고, 회복될 이스라엘을 꿈꾸는 마음을 담아 그곳을 향하여 무릎을 꿇었다.

그런 하루하루가 모이고 쌓여서 하나님께 기도하는 오래된 습관이 생겨나게 된 것이다. 다리오 왕의 시대에 수석 총리가 되었음에도 불구하고 그는 그동안 해왔던 성실한 기도생활을 버리지 않았다. 오히려 그의 성품을 볼 때, 수석 총리가 된 이후에 더욱 간절히 하나님을 찾았을 것이다.

자칫 잘못하면 자기 자신을 자랑하며 교만해 질 수 있는 그 자리에서, 자신의 능력이 아니라 하나님의 은혜로 귀한 자리를 섬기게 된 겸손한 마음이 하나님을 더욱 찾게 하였을 것이다. 다니엘은 그렇게 환경과 상황에 얽매이지 않고, 하나님을 찾는 기도를 가장 중요하게 여기며 살아갔다.

다니엘 역시 두 가지 의미에서 형통을 누리며 살았는데, 먼저는 성경적 의미에서 하나님이 함께 하심을 누리며 살았다. 삶의 모든 순간에서 하나님이 함께 계심을 느끼고 누리는 것이 그에게는 가장 귀한 형통의 삶이었다.

또한 함께 하시는 하나님으로 인하여 세상에서

의 삶 가운데서 누리는 형통이었다. 세상 말로 잘 나가는 사람이었다. 포로로 끌려온 이방 소년에서 수석 총리가 되기까지, 그의 노력보다 하나님의 은혜가 더욱 크게 작용하였다.

그러나 사람들은 이를 도통 알 리가 없었다. 다니엘의 잘 됨을 시기하고 질투하던 사람들은 그를 그 자리에서 끌어 내리기 위하여 온갖 애를 다 썼다. 그의 잘못된 점을 찾아서 모함하고 그를 곤란하게 만들려 했지만, 도저히 다니엘의 허물을 찾아볼 수가 없었다.

성실했고, 충성스러웠으며, 정직하고 바르게 살아가는 그에게 약점이란 없었다. 그런 다니엘을 무너뜨릴 수 있는 한 가지를 찾았으니 이는 그의 신앙적인 부분을 건드리는 일이었다. 다니엘의 최고 강점은 하나님을 의지함에서 나오는 삶의 원동력이었는데, 악인들은 그를 넘어뜨리기 위하여 그의 원동력을 이용했다. 우리 삶에서도 이와 같이 적용할 수 있다.

우리는 늘 우리의 약점이 문제라고 생각한다. 우리의 부족함과 연약함이 우리를 곤경에 처한다고 생각하여 늘 조심했다. 그러나 곧 다니엘이 겪게 될 역경을 미리 살펴보면, 그가 가장 자신 있어 했던 자신의 강점을 공격당했다는 사실에 우리는 주목해 볼 필요가 있다. 물론 다니엘이 사람들에게 자랑하기 위해 하나님을 열심히 믿은 것은 아니었다.

그러나 그의 신실한 중심이 담긴 믿음은 오히려 거꾸로 그를 공격하는 칼끝이 되어 되돌아왔다. 다니엘을 모함하는 사람들은 비밀리에 모여 회의를 하기 시작했다. 그리고 며칠을 고민하고 마음을 쓴 결과, 환호성을 지를 수밖에 없는 결론을 얻어냈다. 왕권을 잡아 기쁨에 도취된 왕의 마음을 이용하여 다니엘을 넘어뜨리는 것이었다. 이에 총리들과 고관들이 모여 왕에게 찾아가 이런 말을 한다.

이에 총리들과 고관들이 모여 왕에게 나아가서 그에게 말하되 다리오 왕이여 만

> 수무강 하옵소서 나라의 모든 총리와 지사와 총독과 법관과 관원이 의논하고 왕에게 한 법률을 세우며 한 금령을 정하실 것을 구하나이다 왕이여 그것은 곧 이제부터 삼십일 동안에 누구든지 왕 외의 어떤 신에게나 사람에게나 무엇을 구하면 사자 굴에 던져 넣기로 한 것이니이다 (단 6:6-7).

총리와 고관들은 거짓 찬양을 왕에게 올려드렸다. 진심으로 왕이 위대하고 존경 받기에 합당한 사람이라 여겨서 그러한 조서를 만든 것이 아니라, 단순히 다니엘을 넘어뜨리기 위한 거짓 찬양이었다.

그러나 왕은 이를 기쁘게 받아들였다.

한 달 동안 자기만을 위한 경배와 찬양에 대한 법안을 마다할 왕이 세상에 어디 있겠는가?

다리오 왕은 총리와 고관들의 거짓찬양에 감쪽같이 속아 넘어갔다. 그리고 그 조서를 변경하지 못하도록 도장을 찍어 전국에 배포하였다.

이제 주사위는 던져졌다. 총리와 고관들은 다니엘이 어떠한 자세로 임할 것인지 분명하게 알았기 때문에 이러한 제안을 왕에게 던진 것이다. 다른 관점에서 본다면, 다니엘의 믿음이 하나님을 믿지 않는 사람들에게도 아주 확실하게 전달되었다는 뜻으로 볼 수 있다.

평소에 다니엘이 쌓았던 기도의 제단이 다른 사람들에게 매우 강한 영향력을 끼친 것으로 볼 수 있다. 그들은 다른 의미에서 다니엘을 절대 신뢰했다(그가 절대로 변절하지 않을 것에 대한 신뢰이다).

'그는 분명히 다리오 왕이 아닌 자기가 믿는 하나님에게 기도할 거야. 지금까지 단 하루도 거르지 않고 그렇게 해왔잖아.'

'평소에 그가 나누는 그의 하나님에 대해서 우리가 들어서 잘 알지 않나. 다니엘은 죽더라도 그 하나님께 기도하고 찬양할 사람이라네.'

아마도 총리와 고관들은 이러한 확신을 가지고 일을 진행했을 것이다. 왕이 내린 조서는 재빠르게 전역에 퍼져나갔고 다니엘이 머무르는 처소 주변에도 이 조서가 붙어 있었다. 이제 우리는 자신을 사지로 몰고 갈 악한 자들의 음모에 대응하는 다니엘의 자세를 눈 여겨 보아야 한다.

> 다니엘이 이 조서에 왕의 도장이 찍힌 것을 알고도 자기 집에 돌아가서는 윗방에 올라가 예루살렘으로 향한 창문을 열고 전에 하던 대로 하루 세 번씩 무릎을 꿇고 기도하며 그의 하나님께 감사하였더라 (단 6:10).

다니엘 6장 10절에서 가장 중요한 단어는 '알고도'이다. 이는 다니엘이 왕의 조서를 어겼을 경우 어떠한 결말이 그에게 찾아올지 알면서도 의도적으로 무시했다는 뜻을 담고 있다. 다니엘은 하나님을 예배함으로 인하여 얻어지게 될 죽음을 전혀 개의치 않았다. 다시 말하면 그에게는 배짱이 있었다.

먼저는 그가 믿는 하나님이 그를 죽음 가운데 던지시지 않을 것이라는 믿음이 있었고, 설령 그가 죽음 가운데 내 던져 진다해도 자신의 찬양과 경배를 받으실 분은 오직 하나님 한 분뿐이라는 믿음이 깔려 있는 배짱이었다.

자신의 목숨을 구하고자 왕에게 절하고 경배하는 신앙의 정결함을 더럽히는 행위를 철저하게 경계했다.

구차하게 생명을 보존하느니 명예롭게 하나님을 위하여 죽는 것이 더 낫다고 판단했다. 그래서 그는 조서에 왕의 도장이 찍힌 것을 알고도 평소에 하던 대로 집으로 올라가 예루살렘을 향하여 무릎을 꿇었다. 하루에 세 번 그가 정한 때에 맞춰 하나님께 기도드리고 자기 자신의 중심을 고백했다.

이전까지의 다니엘이 드렸던 기도는 자신의 중심, 곧 마음을 드린 기도였다. 그러나 왕의 조서가 전국으로 발송이 된 이후에 드린 그의 기도에는 생명, 그의 목숨이 담겨 있었다. 매 순간 기도할 때마다 발각되면 죽음으로 이끌려 갈 그의 생명이 담긴 기도였다.

그래서 다니엘 6장 10절 이후부터 그의 기도는 목숨을 드린 기도가 되었다. 예수님께서 말씀하셨던 누구든지 자기를 위하여 살고자 하는 자는 죽고, 주님을 위하여 죽고자하는 자는 살게 될 것이라는 그 말씀의 참 의미를 다니엘은 이미 오래 전부터 실천하며 살아가고 있었다.

죽을 수도 있는 긴장감이 도는 그의 기도시간에도 그는 참으로 평안할 수 있었다. 그래서 그는 하나님께 억울하다고 호소한 것이 아니라 감사하며 기도할 수 있었다. 다니엘은 분명히 자기 처소에서 기도하였다.

그러나 다니엘을 물러나게 하기 위한 고관들의 노력은 다니엘을 집중 관찰하기에 이르렀고 결국 얼마 되지 않아 다니엘을 왕에게 고발할 기회를 얻게 되었다. 그리고 그들은 모여 왕에게 가서 왕에 대한 다니엘의 불순종을 고발하였다.

조서를 발행할 때만 해도 기쁨으로 충만했던 왕에게 큰 근심이 찾아왔다. 누구보다도 아꼈던 다니엘이었는데, 거짓된 마음으로 자신을 높였던 고관들의 모략에 의해 그를 죽음에 던지게 되었으니 고민이 이만 저만이 아니었다. 결국 다니엘을 건져내기로 마음을 먹고 왕은 온갖 궁리를 하기 시작한다.

자기 자신이 높임을 받는 것보다 더 중요한 것은 가장 충성된 신하였던 다니엘을 살리는 일이었다. 해가 저물도록 고민하고 애쓰는 왕을 향하여 다른 총리들과 고관들은 법령을 들이대며 속히 다니엘을 처형하기를 간구했다. 다니엘을 아끼고 사랑했지만 자칫 잘못하다가 다니엘 한 사람 때문에 나라를 잃을 수도 있겠다는 생각이 그를 사자 굴에 던지도록 허락을 하였다.

결국 다니엘은 사자 굴에 던져졌고, 굴 입구는 다시 나올 수 없도록 봉인되었다. 왕은 근심하기 시작했다. 평소에 즐겼던 오락들도 그날만큼은 그치고, 매일 저녁상이 휘어지도록 차려지는 음식들도 마다했으며, 특별히 그 날은 잠자리에 들기를 거부했다.

결과적으로 하나님 앞에 정결한 믿음을 유지하려 했던 다니엘은 하나님의 은혜와 보호하심 가운데 머리끝 하나 상하지 않고 밖으로 나올 수 있었고, 그를 모함하던 총리들과 고관들은 다니엘 대신에 사자 굴에 던져지는 비참한 최후를 맞이할 수밖에 없었다.

하나님은 다니엘의 사자 굴 이야기를 통해서 결국 자신의 전능하심을 나타내셨다. 또한 믿음이 현실을 이기는 결과를 가지고 살아가는 하나님의 사람을 통하여, 하나님을 믿으며 이 시대를 살아가는 우리에게도 동일한 믿음을 가지고 정결하기를 원하신다.

원수 갚는 것은 하나님 손에 달려 있다. 우리를 괴롭히고 어렵게 만든 사람들의 비참한 최후를 위해 기도할 것이 아니라, 어떠한 상황과 환경 가운데서도 하나님을 잃지 않기를 기도해야 할 것이다. 하나님은 언제나 그 자리에 계신다.

우리는 어려운 환경 가운데 너무 많이 등 떠밀려 하나님을 잃어버리지는 않았는지 점검해보아야 한다. 언제나 그 자리에 계신 동일하신 하나님에게 우리의 시선뿐만 아니라 마음과 삶을 고정해 놓아야 한다. 언제든 제 자리로 돌아올 수 있게 우리의 삶을 주님 안에 못 박아놔야 한다.

믿음은 현실을 이긴다. 때로는 믿음이 세상 가운데 패배한 것처럼 보이지만, 승리는 언제나 주님을 향한 믿음에 있다. 죽음의 순간 앞에서도 하나님을 놓지 않았던 다니엘의 그 배짱이 오늘을 살아가는 우리에게 크나큰 도전이 된다.

✲✲ 내용 생각해보기

1. 다니엘은 왜 매일 하나님 앞에 기도하였는가?

2. 믿음을 지켰던 다니엘에게 다가온 시련은 무엇이었나?

3. 죽기까지 하나님 앞에 정결함을 유지했던 다니엘에게 주신 하나님의 은혜는 무엇인가?

✲✲ 나를 돌아보기

1. 하나님 앞에 매일 드리는 나의 신앙 고백은 무엇인가?

2. 나의 신앙을 무너뜨리는 현실의 문제들은 무엇인가?

3. 어떻게 하면 삶의 모든 순간에서 하나님을 의식하고 살아갈 수 있을까?

You, God's Man

너,
하나님의
사람아

제8장

회심의 사람 바울

사울이 길을 가다가 다메섹에 가까이 이르더니 홀연히 하늘로부터 빛이 그를 둘러 비추는지라 땅에 엎드러져 들으매 소리가 있어 이르시되 사울아 사울아 네가 어찌하여 나를 박해하느냐 하시거늘 대답하되 주여 누구시니이까 이르시되 나는 네가 박해하는 예수라 너는 일어나 시내로 들어가라 네가 행할 것을 네게 이를 자가 있느니라 하시니 같이 가던 사람들은 소리만 듣고 아무도 보지 못하여 말을 못하고 서 있더라 사울이 땅에서 일어나

> 눈은 떴으나 아무 것도 보지 못하고 사람의 손에 끌려 다메섹으로 들어가서 사흘 동안 보지 못하고 먹지도 마시지도 아니하니라(행 9:3-9).

한 사람의 삶이 변한다는 것은 매우 쉽지 않은 일이다. 단순히 목적지에 다다른 길에서 돌이키는 것도 매우 어려운 일인데, 그동안 가져왔던 생각이나 습관, 그리고 추구하는 가치관까지 변한다는 것은 분명 엄청난 일이다. 아마도 그 사람의 인생에 충격적인 사건이나 사고가 있었던 것이 분명하다.

사람은 평안한 상태에서 변하기란 쉽지 않기 때문이다. 사람은 원래 잘 변하지 않는다. 아무리 좋은 것을 보고, 듣고, 큰 감동을 받았다 할지라도 내재되어 있는 습성을 따라 하고 싶은 대로 하면서 살아가기 때문이다. 마치 고무줄과도 같다.

나는 고무줄이 가지고 있는 탄성을 우리 인간의 신념과 비교하고 싶다. 아무리 잡아 당겨도 원래대로 돌아가는 고무줄. 그리고 웬만한 일이 아니고서는 변하지 않는 한 사람의 중심이다.

그런데 이 강한 신념을 가지고 살다 보면 자기와는 다른 신념을 가진 사람들을 만나게 된다. 그리고 그런 사람들과의 만남이 잦아지고 신념이 부딪히기 시작하면 나와는 다른 그 누군가가 미워지기 시작한다. 처음에는 품어줄 수 있는 이해하고 포용하려는 작은 노력이 있었지만 시간이 지나면서 점차 그런 마음도 작아지게 된다. 그리고 의견이 충돌하기 시작하며, 서로가 미워지고 심지어 상대를 해하고 싶은 마음까지 들게 된다.

그런데 이렇게 확고한 신념을 가진 측에서 반대편으로 돌아서는 사람은 정말 무서운 사람이다. 상대방을 죽일 것만 같은 열성을 가지고 있다가 그 반대편으로 서게 되자 그 열성이 이해심으로 변화되었다. 그 열정이 사랑이 되었다. 이제는 다 품어주고 이해해줄 수 있는 일이 되었다. 바로 사도 바울의 회심에 대한 이야기이다.

사울이 바울 되는 사건은 기독교 역사에서 가장 큰 이슈 중에 하나이다. 자기와 반대되는 신앙을 가진 예수 믿는 유대인들을 잡아 죽이는 일에 누구보다도 앞장섰던 그가 이제는 예수님을 구주로 고백하고 그를 증거하며 살아가는 일이 전부가 되어 버렸다.

평생을 공부하고 배웠던 학문도 배설물처럼 여길 정도로 그리스도에 대한 마음과 사랑이 커져만 가기 시작했다. 단순히 '나 예수 믿어'라고 고백하고 결국은 나 자신을 위해 살아가는 현대의 그리스도인들과는 달리, 나 홀로 크리스천이 아닌 위대한 전도자가 된 것이다. 고린도전서에서는 그가 어떤 마음으로 복음을 전하게 되었는지 나타내고 있다.

> 내가 복음을 전할지라도 자랑할 것이 없음은 내가 부득불 할 일임이라 만일 복음을 전하지 아니하면 내게 화가 있을 것이로다(고전 9:16).

복음을 전하지 않으면 견딜 수 없는 불타는 마음이 그 안에 있었다는 증거이다. 한 때는 핍박의 대상이었던 예수 그리스도가, 이제는 바울의 전부가 되어 그를 증거 하지 않으면 도저히 견딜 수 없는 상태가 되어버린 것이다.

바울은 바리새인이었다. 당대 최고의 학파였던 가말리엘의 수하에서 최고의 엘리트로 자라났다. 바울의 명성은 유대인들 사이에서도 최고로 여겨질 만큼 그는 뛰어난 사람이었다. 그는 율법을 사랑했고 하나님을 사랑했다. 율법을 지켜 그대로 행하며 살아가는 것이 하나님을 사랑하는 것이라 확신했다. 그래서 바울이 아직 사울로 살아가는 그 시절엔 그렇게 극단적인 일들도 서슴지 않게 행할 수 있었던 것이다.

바울의 입장에서는 하나님을 향한 열정과 사랑이었지만, 그리스도인의 눈에는 핍박과 박해였다. 그런데 바울은 율법을 지키는 그 일에만 너무 몰두한 나머지 율법을 주신 하나님을 보지 못했다. 왜 유대인들에게 율법을 주셨는지에 대한 하나님의 마음을 놓쳐버렸다.

 마치 선물에 집중한 나머지 선물을 주신 고마운 분을 잊어버리게 된 것이다. 그러다 보니 바울 나름대로의 신앙생활은 하나님이 없는 형식만 남은 껍데기가 되어 버렸다. 사랑과 공의가 넘치는 하나님의 속성을 알지 못한 채, 바리새인들이 만들어 놓은 틀 안에 하나님을 가두어 사람들을 정죄하고 판단하기 시작했다.

 자기 자신과 다른 신앙을 가진 자들(예수를 그리스도라 믿고, 그의 신성과 함께 그의 인성을 온전하게 믿는 자)을 잡아 옥에 가두기도 하고, 심지어는 스데반 집사가 죽는 그 자리에 있으면서 그의 죽음을 마땅히 여기던 바울이었다. 그러한 일들에 있어서 아무 거리낌이 없었다. 그는 분명 자기 자신이 하는 일에 대한 확고한 확신이 있었다.

 이 일이 하나님이 기뻐하시는 일이며, 하나님을 위한 일이라는 확신이었다. 어느 날 바울은 다메섹

제8장 회심의 사람 바울

지역에 예수를 따르는 추종자들이 있다는 소식을 들었다. 바울이 얼마나 열심이었는지, 그 소식을 듣자마자 공회에 허락을 받아 다메섹에 있는 예수 추종자들을 잡으러 출발했다. 바울에게는 그 날도 여느 날과 마찬가지로 평범한 일상이었다.

예수를 믿는 자들을 찾아내어 공회에 넘겨주는 것. 그리고 그들로 하여금 마땅한 처벌을 내려 예수를 그리스도라 믿지 못하게 하는 것. 바울에게는 참으로 신이 나는 일이었다.

그러나 그 날은 그에게 더 이상 평범하지 않은 날이 되어버렸다. 그 날을 기점으로 이전의 삶과 이후의 삶으로 구분 지을 수 있는 분명한 선이 그에게 새겨졌다. 예수님께서 눈이 멀 정도의 강한 빛으로 바울을 찾아오셨다. 그리고 왜 자신을 박해했는지에 대한 이유를 물으셨다.

아무것도 볼 수 없는 두려움 가운데 바울은 어떤 변명도 할 수 없었다. 다만 지금 이런 어리둥절한 상황과 보이지 않는 것에 대한 두려움으로 인하여 누구이신지만 되물었다. 실제로 바울은 예수님을 직접 박해한 적은 없다. 그를 따르는 추종자들을 박해했을 뿐, 예수를 실질적으로 박해한 적은 없다.

그런데 중요한 것은 예수님께서 자신을 믿는 자들이 박해 당함을 마치 자신의 일처럼 여기신다는 것이다. 본인이 직접 박해를 받았다고 말씀하고 계신다. 이것이 얼마나 위로가 되는 말씀인지 모른다. 우리를 변호해주시고 대변해주시는 예수님의 그 한 마디가 성도의 크나큰 위로가 된다.

이후 바울은 아나니아라는 사람을 통하여 세례를 받고 음식을 먹으며 기력을 회복하였다. 달라진 것은 없었다. 모든 상황도 똑같았다. 그러나 그는 더 이상 이전의 사울이 아니었다. 다만 그가 강력한 빛을 통하여 눈이 멀었었다는 사실과 그가 예수님을 진하게 만났다는 것만이 이전의 삶과 다를 뿐이었다.

그런데 바울은 그 일을 우연히 일어난 해프닝으로 여기지 않았다. 지금까지 살아왔던 모든 것을 다 버리고 뒤집어엎는 충격적인 사건으로 삶에 새겼다. 바울은 예수님을 제대로 만났다. 그냥 스쳐지나간 것이 아니라 완전히 제대로 충돌했다. 이러한 만남이 바울의 원함은 아니었다. 그가 찾아간 것도 아니었다.

하지만 바울을 찾아오신 예수님의 만나주심이 박해자 사울에서 전도자 바울이 되게 하셨다. 우리는 각자의 회심이야기를 간증으로 많이 나눈다. 잘 들어보면 결국 예수님을 믿게 된 결정적인 원인은 자기 자신의 돌이킴으로 결론이 난다.

극적인 순간들이 연출되는 것은 비슷하지만, 찾아오셔서 모든 역사를 이루신 하나님보다는 그러한 하나님을 만나게 된 나의 공로가 더 많다.

그러나 사실은 그렇지 않다. 사울이 바울 되는 사건을 통해서도 알 수 있듯이 먼저 찾아오신 분도 예수님, 그를 변화시키신 분도 예수님이시다. 능동적이고 자발적인 회심이 아니라 사실은 수동적으로 회심 당하여 진 것이 진짜 회심이다.

부르심에 반응은 내가 한 것이지만, 반응을 할 수 있도록 부르신 분이 하나님이시며, 찾아오신 분이 예수님이시요, 우리로 하여금 믿고 깨닫게 하신 분이 성령님이시기 때문이다.

"죄에서 자유를 얻게 함은 보혈의 능력 주의 보혈"이라는 찬송 가사에서 알 수 있듯이 우리의 노력보다는 성 삼위일체 하나님의 역사하심이 우리의 회심의 유일한 근거된다는 사실을 절대로 잊으면 안 된다.

그 날 이후 더 이상 바울은 예수 믿는 자들을 쫓아다니지 않았다. 그들을 죽이고 처벌하기 위해 혈안이 되었던 지난 시간들이 더 이상 그에게는 필요하지 않았다. 오히려 예수를 그리스도로 모시지 않는 자들을 찾아가 예수가 주요, 그리스도이심을 믿을 수 있도록 목숨을 걸고 선포했다. 스스로 위험을 자처하게 된 것이다. 이전의 생활습관을 완전히 버렸다. 이제 그는 더 이상 사울이 아닌 바울의 삶으로 살아가게 되었다.

예수님을 인격적으로 만나게 되면 삶에서 나타나는 분명한 특징이 있는데, 가장 중요한 것은 이전의 삶으로 되돌아가려 애쓰지 않는다는데 있다. 물론 우리가 살아가면서 신앙을 지키려 할 때, 때로는 힘들기도 하고 어려운 일들이 생기기도 한다.

그러나 우리는 흔들리면서도 이전의 삶으로 돌아가지는 않는다. 그 이유는 삶의 진정한 가치를 예수님 안에서 발견했기 때문이다. 우리는 개와 같이 토한 것을 다시 먹지 않는다.

왜?

내 입을 통해 밖으로 나온 구토한 것들이 얼마나 더럽고 지저분한 것임을 알고 있기 때문이다.

예수님을 온전히 만난 사람의 삶도 이와 같다. 힘들어도 절대로 예수님을 버리지는 않는다. 어려워도 다시 세상으로 돌아가지 않는다. 주저앉아도 주님을 포기하지 않는다. 이러한 자들이 세상으로부터 360도가 아닌 180도의 완전한 터닝을 한 사람들이다. 온전하고 진실 되게 예수님을 만난 자들이다.

하나님은 바울의 열정적이고 급진적인 성품을 너무도 잘 알고 계셨다. 그래서 그를 사용하실 때는 그의 성품대로 온전하게 사용하셨다. 폭주 기관차와 같은 그를 다루실 수 있는 분은 오직 하나님 한 분뿐이었다. 모든 사람의 성품과 성향을 완벽하게 알고 계신 하나님께서 각 사람의 모양에 맞춰 아름답게 사용하신다.

그렇다면 우리는 예수님을 제대로 만난 사람들인가?

다시 말하면, 우리의 삶이 예수님 만나기 이전과 이후로 명확하게 구분이 가능한가?

이에 대한 질문이다. 아마도 많은 사람들이 이 질문을 받았을 때, 부끄러워하고 찔려 하며 달라진 것이 없다고 생각할 것이다.

그러나 우리의 부끄러운 행위들로 인하여 예수님을 만난 사실을 부정하지 않기를 바란다. 그리스도인의 삶에서 무엇을 나타내는 행위도 무척 중요한 역할을 차지한다.

하지만 우리가 행하는 행위보다 더 중요한 것은 우리의 중심이다. 그리스도를 온전히 삶의 중심에 모시고 살아가고자 노력하는 자들은 완벽한 행위는 아니더라도 가끔 넘어지더라도 그 방향이 예수님을 향하고 있다는 사실이다. 빠르게 가지는 않아도 괜찮다.

물론 정확하게는 가야 한다. 김남국 목사님의 말씀처럼 신앙은 속도가 아니라 방향이다. 그렇다. 열정은 신앙의 연료가 될 수 있지만, 전부가 될 수는 없다. 우리의 열정이 온전한 방향을 만나 쏟아질 때, 신앙이 바르게 자랄 수 있다.

예수님을 만났으니 무책임하게 살아도 된다는 구원파적인 말을 하는 것이 아니다. 창세 전에 계획하신 하나님의 구원의 역사에 은혜로 들어가게 된 우리가, 구원에 합당한 성화의 삶을 살아야 한다는 것이다. 성화의 삶은 만들어져 가는 것이지 한 번에 얻어지는 것이 아니다.

그 최종 종착역이 이 땅이 아니라 그리스도가 다

시 오시는 그날임을 상기해 본다면, 지금 우리의 연약함 또한 주님의 돌보심 가운데 있음에 위로를 받을 수 있어야 한다. 성화는 우리들만의 노력이 아니라 하나님의 돌보심 가운데 친히 인도하시는 하나님의 역사이기 때문이다.

그렇기 때문에 예수님을 온전히 만났는가에 대한 질문에는 우리는 자신 있게 답해야 한다. 나의 노력으로 만나주신 것이 아니라 하나님의 은혜로, 삶이 완전하게 변화되었는가에 대한 질문에는 하나님의 인도하심 가운데 성화의 과정 중에 있음을 고백해야 한다.

바울을 부르신 하나님은 그를 향한 분명한 목적이 있으셨다. 사도행전 9장 15절의 말씀은, 하나님께서 왜 사울을 불러 바울로 변화시키셨는가에 대한 정확한 답이 담겨있다.

> 주께서 이르시되 가라 이 사람은 내 이름을 이방인과 임금들과 이스라엘 자손들

에게 전하기 위하여 택한 나의 그릇이라
(행 9:15).

하나님은 이방인에게도 구원의 기쁜 소식을 전하시기 위하여 바울이라는 그릇, 즉 도구를 택하셨다. 물론 유대인에게도 복음을 전해야 하며, 또 그렇게 사용할 수 있었지만 하나님은 바울을 철저하게 이방선교를 위하여 부르셨고 그렇게 사용하셨다.

하나님의 모든 부르심에는 이유와 목적이 분명하게 있다. 하나님께서는 아무나 이유 없이, 쓸모없이 부르시지 않는다. 설령 바울과 같이 이방선교를 위해 위대한 업적을 남기는 것이 아니라 할지라도 하나님께서는 우리 모두에게 각기 맞는 뜻과 목적을 가지고 계신다.

하나님께서는 바울의 완벽함을 보시고 부르신 것이 아니다. 만약 그가 완벽한 자였다면 아마도 하나님의 구원사역에 바울이 등장하지 않았을지도 모른다. 예수 믿는 자를 핍박하고 죽이는 일에 앞장섰던 그를 들어 쓰심은 바울의 위대함이 아닌 하나님의 위대하심을 나타내는 가장 중요한 대목이기 때문이다.

결론적으로 사울이 돌이켜 바울이 된 그의 회심에 가장 중요한 포인트는 바울 그 자신이 아니라, 그를 변화시키시고 돌이키신 하나님이시다. 바울 역시 돌이킨 즉시 하나님께서 자신을 부르신 이유와 목적을 바로 깨달았다.

또 다른 의미에서 바울, 그의 삶은 이전과 같이 흥미진진했고 열정적이었다. 하나님의 말씀을 맡은 자로서 그 역할에 충실했으며, 복음의 진보를 이루기 위한 그의 열정은 무엇과도 비교할 수가 없었다. 변화된 그의 삶에서 도드라진 특징들을 몇 가지 발견할 수 있는데 그 중에도, 하나님의 말씀에 즉시 순종하는 바울의 자세이다.

> 즉시로 각 회당에서 예수가 하나님의 아들이심을 전파하니(행 9:20).

바울이 기력을 회복하자마자 가장 먼저 했던 일은 각 회당으로 즉시 달려가 자신이 핍박했던 그 예수가 구세주요 메시아요 하나님의 아들이심을 전파하는 일이었다. 삶의 온전한 가치를 발견한 그는 도저히 머뭇거리고 주저할 시간이 없었다.

잘못된 일에 목숨을 걸고 힘써 싸웠던 그의 지난날을 돌이키는 회개의 모습은 이전보다 더욱 열심을 내어 온전한 것을 전파하는 것이었다. 사울이었던 그의 삶은 성경에 그다지 많이 기록되어 있지는 않다. 그가 예수를 핍박하는 자리에서 으뜸가는 사람이었음을 나타내는 것 이외에는 우리는 알 수가 없다.

그러나 그가 예수님을 온전히 만나 돌이키고 난 이후의 삶은 주저함이나 머뭇거림이 없었다는 사실을 성경을 통해 우리는 배울 수 있다. 성경은 그가 어떻게 하나님의 사람으로 가다듬어져 갔는지, 교회와 성도를 향한 하나님의 마음이 담긴 그의 서신서들을 통해 우리에게 말하고 있다.

사도행전 9장 이후 그의 삶은 오직 예수님만을 위해 드려지는 시간들이었다. 모든 시간과 모든 에너지를 오직 예수님께만 드렸다. 삶의 진정한 이유를 발견한 그는 멈출 수가 없었다. 그래서 가는 곳곳마다, 만나는 사람마다 예수가 하나님의 아들이심과 구세주이심을 증거하고 전하기 시작했다.

우리도 이와 같이 예수를 만난 이후에 달라진 삶이 필요하다. 윗글에도 나누었지만, 얼마나 잘하는지를 말하고 있는 것이 아니라, 예수 중심으로 살아가는 삶의 자세와 태도를 말하고 있는 것이다. 처음부터 잘 할 수는 없다.

그러나 우리의 삶을 만지시고 다듬어 가시는 하나님의 손길이 우리의 삶을 통하여 드러나야 한다. 세상을 급진적으로 변화시키는 어려운 일들만을 말하는 것이 아니라, 성경을 읽지 않는 사람이 하루에 한 장씩 성경을 읽고 묵상을 하며 하나님을 사랑하는 마음을 키워가는 것이다.

나밖에 모르는 사람이 이제는 그리스도의 마음을 담아 이웃을 사랑하여 베풀고 나누며 섬기는 삶으로 변해가는 것 등의 작고 소소한 변화들이다. 이런 것들이 눈에 보이지는 않지만, 우리의 삶에서 예수님을 만난 이후에 실제로 실천할 수 있는 것들이다.

바울은 오늘 전해야 할 그리스도를 내일로 미루지 않았다. 왜냐하면 내일은 바울에게 알 수 없는 불확실한 미래였기 때문이었다. 내일은 바울의 것이 아니라 하나님의 것임을 확실하게 알았기 때문이었다. 그래서 기회가 생길 때마다 바로 열심을 내어 즉시 그리스도를 전했던 것이다. 순간을 놓치는 자는 전체를 놓치게 되어 있다.

순간순간이 모여 전체를 이루게 된다. 우리에게 주신 순간들을 잘 모아 전체라는 아름다운 열매를 그리스도에게 드리는 삶이 되어야 한다. 또한 바울은 예수님을 인격적으로 만난 이후에 두려움이 없는 삶을 살게 되었다.

> 사울은 힘을 더 얻어 예수를 그리스도라 증언하여 다메섹에 사는 유대인들을 당혹하게 하니라(행 9:22).

바울은 예수님을 만나고 나서 즉시로 예수님을 전하기 시작했다. 그러면서 많은 사람들의 오해를 사기 시작했는데, 이는 그가 이전에 핍박했던 예수의 추종자가 되었기 때문이었다. 사람들은 이해할 수 없었고, 받아들일 수가 없었다.

이제는 예수 믿는 자가 아니라 예수 믿지 않는 자를 찾아다니며 복음을 전하고 있으니, 그동안 바울이 떨쳤던 악명과 지금의 모습으로 많은 사람들이 혼란스러워 할만 했다. 바울은 그런 오해 가운데서 더더욱 힘을 얻어 열심히 예수님을 전했고, 복음을 전하는 그 순간 그에게는 어떠한 두려움이

나 거칠 것이 없었다.

훗날 그의 고백을 통해 알 수 있는 것처럼 그는 실제로 이전의 삶을 십자가에서 그리스도와 함께 못 박은 자였다. 자기 자신의 자아가 죽어 더 이상 자신을 위해 살지 않음을 나타낸다. 말뿐만이 아니었다. 그의 행동으로도 더 이상 자기에게 집중하지 않았고, 그리스도를 위하여 죽기까지 열심을 내는 삶을 살아냈다.

예수가 그의 힘이요 삶의 원동력임을 온전히 깨달았기 때문이었다. 세상이 주는 어떠한 공포도, 두려움도 그에게 예수가 그리스도이심을 막을 수는 없었다.

우리는 무엇이 그렇게 두려운 것일까?

도대체 무엇이 우리를 세상 가운데서 온전한 그리스도인으로 살지 못하도록 가로 막는 것일까?

예수를 제대로 만났다면 이러한 문제들은 고민하거나 주저하지 않고 넘어갈 수 있는 일들이 아닌가?

그렇게 멈추지 않는 폭주 기관차처럼 그리스도

를 전하는 그의 모습에, 한때 같은 마음을 가지고 그리스도인들을 박해했던 유대인들이 마음을 돌리기 시작했다.

오히려 그리스도의 종이 되어버린 그를 죽이기로 작당 모의를 하기에 이른다. 바울은 주변사람들의 온갖 계략과 음모 속에서도 복음 전파하기를 멈추지 않았다. 그에게는 아무것도 두려울 것이 없었기 때문이었다. 지금 당장 사지에 내몰린다 할지라도 두렵지 않았다. 그는 예수를 만나는 그 순간 이미 죽었기 때문이다.

그래서 그때부터 살아가는 모든 순간은 자신의 것이 아니라 예수님만을 위한 삶이 되었다. 그가 처음 등장한 사도행전에서부터 죽기 직전 기록하였던 디모데후서까지 바울의 모습은 일관적이었다. 물론 부드러워지며 관용하는 마음들이 넓어지기는 했지만, 상황과 환경으로 인하여 어려움을 겪고 죽음까지 내몰리는 위기에 처했어도 그는 절대로 두려워하거나 뒷걸음질 치지 않았다.

살아도 주를 위하여 살고 죽어도 주를 위하여 죽는다는 그의 고백은 절대로 빈말이 아니었다. 실제로 그러한 삶을 살아내고 담아낸 그의 고백이었다. 그렇다. 예수님에게 온전하게 빠지면 세상 무엇도 두려울 것이 없어지고, 무서울 것이 없어진다. 왜냐하면 이 땅에서의 어떠한 권력과 권세도 우리의 영을 어찌 할 수 없기 때문이다(롬 8:35-39).

우리의 영혼은 온전히 하나님의 손에 붙들려 있다. 세상의 부귀영화는 바람이 불면 모두 흩날리는 민들레꽃의 씨와 같기 때문이다. 바울은 그것을 온전히 알았다. 예수님을 온전히 만나고 나니 세상의 부와 명예, 지식과 건강도 모두 버려질 것이라는 것을 깨달았다.

그래서 그가 맛보았던 변하지 않는 그 진리를 끝까지 붙들었던 것이다. 목숨을 거는 사람은 두려울 것이 없다. 목숨을 거는 순간 이미 자기의 생명을 드린 것이다. 죽기까지 예수님을 따랐던 바울은 21세기를 살아가는 우리에게 많은 도전을 준다.

조금만 어려운 상황이 와도 예수님을 배반하고 돌아서는 우리들, 예수님을 믿는 것 하나로 삶에 불편함이 생기면 언제나 돌아설 준비를 하는 우리들, 그래서 그 신앙을 감추고 뒷걸음질 치는 우리들, 그러나 바울은 사회적 불이익이나 자신을 해하려는 세상의 공격에도 두려워하지 않았다. 예수님 한 분 때문에 그는 두려울 것이 없었다.

우리도 그러한 자세가 필요하다. 수동적이고 방어적인 삶의 태도가 능동적이고 공격적인 자세로 바뀌어야 한다. 싸움을 일으키라는 것이 아니다.

그러나 바울이 되었던 사울의 삶을 통하여, 예수님을 부끄러워하지 않고 그를 전부로 여기고, 주인으로 모시고 살아가는 삶의 자세를 우리의 실제 삶에서 나타내야 한다. 그를 드러내고 밖으로 내보일수록 두려움은 사라진다. 예수님만이 어두움을 물리치시는 유일한 빛이시기 때문이다.

그는 시간이 지날수록 하나님의 능력이 더하는 삶을 경험했다. 바울은 명확히 알고 있었다. 자신의 복음 전파로 인하여 일어나는 모든 결과들이 자신의 능력과 힘이 아닌 하나님의 인도하심과 성령의 능력이었음을 알고 있었다.

> 그리하여 온 유대와 갈릴리와 사마리아 교회가 평안하여 든든히 서 가고 주를 경외함과 성령의 위로로 진행하여 수가 더 많아지니라(행 9:31).

사람들은 바울을 죽이려 했지만, 성령의 인도하심으로 오히려 그가 가는 곳곳 마다 부흥이 되었고, 그리스도가 주(Lord)이심이 전파되는 놀라운 기적을 보게 하셨다. 또한 환경이 주는 평안이 아니라 어려움과 핍박 속에서도 변하지 않는 내면의 진정한 평안을 누리며 살게 되었다. 그를 통해 예수를 머리로 하는 그리스도의 교회들이 세워졌다.

이렇게 놀라운 하나님의 역사하심을 보았던 바울의 마음은 어떠했을까?

교회가 세워지고, 예수를 믿는 자들이 늘어나는 이 부흥의 역사 가운데 서 있는 바울은, 자신에게 주시는 축복과 안정이 아닌 하나님의 역사하심 그 자체가 큰 위로였다.

"잘했다."

"수고했다."

이런 칭찬이 아니라, 하나님의 역사하심 자체를 위로로 삼을 줄 아는 바울의 모습이 너무도 귀하다.

그러나 바울이 그렇게 하나님의 위로하심을 받을 줄 알았던 것은, 그가 그리스도를 만난 이후 자기중심적인 삶에서 그리스도 중심의 삶으로 온전히 변화되었기 때문이었다. 예수님을 제대로 만나면 삶이 달라진다. 환경이 달라지는 것이 아니라 똑 같은 삶을 바라보는 관점이 달라진다.

예수님을 미워하고 증오했던 사울이, 인격적으로 예수님을 만나고 변화되어 바울이 되었던 것처럼, 우리의 삶도 이전과는 다른 삶을 향하여 움직여야 한다. 대충 아는 것으로 그치는 삶에 머무르지 말고, 180도 변화되는 삶을 일으켜야 한다. 이전에 내가 좋아하고 즐겼던 나를 위한 삶에서 그리스도를 위한 삶으로 바뀌어야 한다. 세상을 사랑하던 내가 오직 하나님을 사랑하게 되었다.

이제 무엇이 두려운가?

예수님을 인격적으로 만나고 너무도 변해버릴 자신의 모습이 두려운 것인가?

예수님을 온전히 믿게 되면 좋아하는 모든 것을 버려야 하는 희생이 그리스도인으로의 온전한 변화를 가로 막는 것인가?

아니면 우리가 처한 환경 속에서 그리스도인으로 살아내기가 버겁기에 온전한 만남을 지체하고 있는 것인가?

걱정하지 말라. 그리스도 때문에 절제하며 누리는 것이 세상의 자유보다 훨씬 더 자유롭다. 세상이 주는 쾌락보다 더 큰 기쁨이 있다. 세상의 것과 하나님의 것은 비교할 수 있는 비교 대상이 아니다. 세상과 하나님께 양다리 걸치는 삶이 아니라,

세상에 담그고 있는 발을 빼서 두발 모두 주님께 고정하는 삶을 살아야 한다.

  이것은 우리의 내일 할 일이 아니라, 지금 당장 해야 할 일이다. 당신을 변화시키고 인도하실 하나님을 기대하라. 그리고 변화 받았다면, 머뭇거리지 말고 지금 즉시 그를 위하여 살 준비를 하라. 당신의 삶이 온전히 그에게 붙들려 있을 수 있도록 해야 한다.

⁂ 내용 생각해보기

1. 바울이 변화되기 이전의 삶의 모습은 어떠했나?

2. 사울은 어떻게 바울로 변화가 되었나?

3. 바울로 살아가는 그의 삶에 특징들은 무엇인가?

✸✸ 나를 돌아보기

1. 내가 좋아하던 이전의 세상의 낙은 무엇이었는가?

2. 주님은 어떻게 나를 찾아오셨는가?

3. 이제 변화된 자로서 온전히 살아가야 할 나의 삶의 결단은 무엇인가?

You, God's Man

너,
하나님의
사람아

도서안내 1

· 마음의 법 사랑의 법 ·

정재익 | 신국판 | 272면

　그리스도 안에 있으면서도 여전히 율법 안에 매여 있는 그리스도인들이 하나님의 무한한 사랑과 자유를 알아 가게 되고 그리스도의 충만한 분량에까지 이르러 가는 장대한 믿음의 여정에 대하여 다루고 있다.

도서안내 2

· 땅 위에 하늘을 짓다 ·

김대옥 | 신국판 | 328면

청년 대학생들을 대상으로 설교했던 내용들로 저자는 우리의 현실 역사 및 일상의 문제와 결부하여 신앙의 구체적이고 실천적인 함의를 살피면서 청년들에게 진정한 하나님 나라의 복음에 대한 통찰력을 일깨워준다.

너, 하나님의 사람아

You, God's Man

2017년 3월 10일 초판 발행

지은이 | 박길웅

편　집 | 정희연
디자인 | 박희경
펴낸곳 | 밀알서원
등　록 | 제21-44호(1988. 8. 12)
주　소 | 서울시 서초구 방배로 68
전　화 | 02) 586-8761-3(본사) 031) 942-8761(영업부)
팩　스 | 02) 523-0131(본사) 031) 942-8763(영업부)
홈페이지 | www.clcbook.com
이메일 | wbbkor@gmail.com
온라인 | 기업은행 073-085404-01-017
　　　　　예금주: 박영호(밀알서원)

ISBN 978-89-7135-072-0 (03230)

* 낙장·파본은 교환해 드립니다.

이 도서의 국립중앙도서관 출판시 도서목록(CIP)은 서지정보유통지원시스템 홈페이지(http://seoji.nl.go.kr)와 국가자료공동목록시스템(http://www.nl.go.kr/kolisnet)에서 이용하실 수 있습니다.
(CIP제어번호: CIP2017002947)